子どもが育つ
保護者も育つ

保育者のコミュニケーションスキル

塩谷　香◎著

少年写真新聞社

はじめに

子どもたちと保護者を笑顔にしよう

保育士の業務は、児童福祉法（第18条の4）によれば「保育」と「保育指導」です。保育のみならず、保護者への指導も業務として定義されたことになります。その業務には当然のことながら「専門性」が必要で、保育士は専門職なのです。幼稚園教諭にしても事情はまったく同じです。教育者という一面も持ち合わせていなければならないことはもちろんですが、昨今は「対人援助職」という意味が強調されるようになりました。理由は、子どもを取り巻く状況の変化からです。

立場の弱い子どもの命は必ず守られ、健やかに育つ権利があるにもかかわらず、個人の価値観の多様化が容認される社会では、そのことが優先されるとは限りません。各家庭が、各個人が、大人一人ひとりが、まず自分を優先させたなら、子どもは幸せに育つことはできません。保育者は専門職である以上、「子どもの最善の利益」を守り、現状を社会に発信し、子どもが健やかに育つことができるように、家庭を、地域を、社会を変えていく必要があるのです。そのためには、専門性の向上が欠かせません。

保育所保育指針解説書では、保育の専門職について次のように述べています。

保育所の職員は、「※その言動が子どもあるいは保護者に大きな影響を与える存在であることから、特に高い倫理性を求められます。一人一人の職員が備えるべき知識・技術や判断及び人間性は、時間や場所、対象を限定して発揮されるものではなく、日頃の保育における言動のすべてを通して表出するものです。これらが高い倫理観に裏付けられたものであってはじめて、子どもや保護者に対する援助は十分な意味や効果を持ちます。」

つまり、目の前にいる〝人〟に関心を寄せ、変容を温かく見守り、本当に必要としている支援をするには、コミュニケーションスキルが必要です。保育者に求められているのは、豊かな人間性と専門性です。さらに、保育者としてより成長しようと努力を続けることは、人間性を高めることに直結しています。自身が成長することで、よい仕事ができるともいえます。ここに保育者という仕事の大きな魅力があります。

人の支えになることで自らも支えられ、人の笑顔で自分も救われ、幸せになれます。人とつながり、人とともに生きることが生きがいにもなります。そんな保育者という仕事の魅力をぜひ、あなたも感じてみてください。この本がその小さな一助となりますように。

＊保育所保育指針解説書　第７章職員の資質向上　１－（１）

子どもが育つ
保護者も育つ
保育者のコミュニケーションスキル もくじ

第1章 コミュニケーションに自信をつけるスキルアップ術

第2章 保護者とのコミュニケーション スキル

第3章 職場におけるコミュニケーション スキル

第1章

コミュニケーションに自信をつけるスキルアップ術

保育者スキルの原点「子どもを理解する」

保育の出発点は子ども理解です。なぜなら、理解なくして適切な援助はあり得ないからです。

目の前にいる子どもの思いを読み取り、置かれた現状はどのようなものかを見極め、必要な援助は何かを考える。保育という仕事には、その判断が絶えず必要になります。

そもそも私たちは、置かれている状況を理解するとき、無意識のうちに、自身の経験や知識に基づいて、判断して理解しています。しかし、個人の経験や知識は限られたものでしかありません。子どもを正しく理解し、適切に援助するには、自身の経験や知識の中だけで判断をしないこと、つまり、自分の感情や推測を即座に当てはめないことです。特に、コミュニケーション能力が求められているのならば、なおさら自分の気持ちはちょっとおさえておきます。

①子どもの思い、行動を理解する

まずは、子どもの現在の状況、置かれた状況を考えます。

②事実・状況を理解する

なぜ、このような行動をするのかを考えてみましょう。行動には必ず理由があります。

では、具体的にどうするのか

まずは子どもをじっくりとよく見ること。判断の材料をより多くします。「〜かな」、「〜かもしれない」、「〜も考えられる」など、様々に考えを巡らせることです。

個人の考えだけでなく、チームのほかのメンバーの意見も参考にし、他者の視点も取り入れることで、より正しい理解につながります。

「どのような状況になることがよいのか」をはっきりさせ、具体的な支援を考えます。そして、子どものよいところや可能性を見つけ出すことも忘れないでください。

③子どもにとってのメリットを考える

行動の意味がわかってきたら、その思いを探ります。どうしたいのか、どうなりたいのか、など。

④愛情ある支援を行う

行動に対するその思いをまずは受け止め、援助していきます。

スキル１ 状況・行動を理解する

「どうしてこのようなことをしたのかな？」

子ども理解のためのコミュニケーション

①じっくりよく見て判断材料を集める

②ときに、子どもの背景にあるものにヒントがある

・家庭の状況
・心と体の健康状態
・園での生活や遊びの様子
・他児や保育者との関係　など

毎日接している中で、様々な場面での様子から考えていきます。

③行動の理由を考える

行動には必ず意味があるものですが、本人が意識していないこともあります。子どもの場合は直接理由を聞いたとしてもわからないことが多いものです。またわかっていても表現することができない、ということもあり得ることです。

Point! 自分の経験や知識の中だけでの判断はしないこと

知識や経験は限られていますので、即座の判断は禁物です。同じ子どもばかりではありません。自分のステップアップのためにもよく見極め、ほかの先生の判断も参考にしましょう。

スキル2 子どもにとってのメリット（利益）を考える

「どうしたかったのかな」

①何をしたいのか、望んでいるのかという子どもの気持ちを推測してみる

②言葉にして返す

「〜だったかな？」「〜がやりたかったのかな？」などと、考えたことをたずねてみます。

スキル3 支援を行う

子どもの成長につながる支援を見つけましょう。

「どうしたらこの子のためになるのかな」

①自分の気持ちはおさえて

子どもが思うように行動してくれないときは、叱りたくなるものです。その感情は理解できますが、“まず感情”では適切な支援はできません。

②やってしまったことは受け止める

行動に対する思いがわかったら、「〜したかったね」「〜だったね」と声をかけます。それにより、子どもは安心感を持つことができます。

③いつも、いつでも愛情を

支援を行うときは、子どもへの愛情を込めて行います。

聞くスキル

子どもの場合

子どもは、自分の言いたいこと、表現したいことを十分に出すことができません。ですから、よく見ながら、じっくりと「聞く」姿勢を示すことが大事です。

ときに相づちを打ち、子どもの話を整理しながら聞きます。〝あなたの話を聞いているよ〟という姿勢は子どもを安心させます。

その際、いくら聞いているよと表面上は言っていても、心の中で〝違うよ、そうじゃなくて…〟という保育者の思いが先に立っていると、必ず態度に出てしまいます。子どもは言葉よりも、保育者の表情や声のトーンの変化に敏感ですから、話そうとしなくなります。日々の忙しさでつい聞き流してしまったりすることも多いでしょうが、子どもの話に耳を傾ける、という真摯な姿勢は子どもたちにも伝わります。日頃から安心感を与えるためにも、まずは、〝聞き上手〟になりましょう。

“聞いているよ”の聞く姿勢
思いに共感した言葉をかける。
「うん、うん…大変だったね」
「そうなのね」
「大丈夫だよ」
うんうん
あのね…
受け止めてもらえる安心感
先生は自分のことをわかってくれるという安心感が持てる。

子どもの話を聞くときのポイント

話をしてくるまで待つ

①子どもの表情やしぐさから、思いをくみ取るようにし、何を伝えようとしているのか探りつつ、見守ります。

目線と体勢

②座る、かがむなどをして、子どもの目線に合わせてみましょう。

聞いたことを確認、反復する

③子どもの言葉に耳を傾け、相づちを打ちながら、〜だったんだね、などと思いを言葉にして返します。特に感情を察すると（“嫌だったんだね”“悲しかったね”など）、子どもも自分が抱いた感情に気付き、わかってもらえたことに安心します。

小さな子どもたちでも、自分を受け止めてくれる先生はわかります。

保護者の場合

保護者の話を聞く場合も、実は子どもの場合と原則は変わりません。しかし、保護者は、子どものようにすぐに自分の思いを出してくれませんので、丁寧に接します。

日々の送迎や個人面談など、保護者と関わる時間は限られています。チャンスを逃さないことも重要です。

まずは、保護者の思いを引き出し、じっくりと聞き出すことです。自分の話を聞いてもらえる安心感を与えるのは子どもと同様です。きっかけは些細《ささい》なことで構いません。まずは親しくなることを意識して、積極的に話しかけます。中には話しかけづらい保護者や苦手だなと思う保護者もいるかと思います。しかし、子どものためには保護者との信頼関係は欠かすことができません。どんな保護者にもまずアプローチをしていくこと、〝いつでも話を聞きますよ〟という姿勢を見せることです。心の余裕や丁寧に話を聞こうとする姿勢は、態度に出てきます。聞きやすい雰囲気をつくることも大事です。〝話しかけづらい先生〟にならないように気をつけましょう。

また、話しやすい、気の合う保護者にばかり話しかけていると、そうでない保護者はよい印象を持ちません。過剰に意識しすぎる必要はありませんが、自分が保護者にどのような印象を与えているのかは、気を配る必要があります。

〜って思ってるんです。
お母さん、そこを心配されているんですね

保護者の話を"聞く"丁寧さとは…

* すぐには口を挟まずに、ゆっくり聞きます。
* 保護者の思いがどこにあるか、言葉だけにとらわれず、表情やしぐさから探ります。
* 言葉の端々に出てくる思いや本音に気付いて、まずは受け止めます。
* 自分の解釈をわかりやすく伝えて、確認します。

保護者の目

話しやすい先生はどんな先生ですか？

・ふだんから話しかけてきてくれる先生。
・子どもをよく見ている先生です。いろいろなことを知っていて頼れます。
・子どもの苦手なところを気にかけて見てくれていて、様子やできたことを知らせてくれる先生。
・いつもニコニコしている先生はやっぱり、話しかけやすいです。子どもたちが集まっているのがわかるな…とも感じます。

保護者の話を聞くときは…

＊笑顔で、「話をお聞きします」という姿勢を示します。
＊話す場所はここでよいのか、内容によっては考えます。
＊メモをとるときは了承を得ます。
＊長くなりそうな話の場合、自分の時間がないときは、聞きはじめに、終わりの時間を伝えます（あとで切り上げようとしても難しいことが多いので）。また、いつなら大丈夫かを必ず伝えます。

プライベートでも使える

“聞く”スキル 7つのポイント

聞き上手は、人と人との信頼関係を築きます。コミュニケーション上手になるためのポイントをあげますので、相手が気持ちよく話せる環境をつくり、会話を深めていきましょう。

1. 相手の気持ちに共感する

相手の思いや感情に、完全に共感できなくても、共感しようとする姿勢が大事です。また、そのことが相手を安心させます。

2. 相づちを打つ

適度な相づちは、「聞いている」というサインになります。相づちをうまく利用して、印象をよくします。

会話が弾む「相づち」

同意	そうですね・よくわかります
いたわり	大変でしたね・そうだったんですね
驚き	びっくりしました・すごいですね
転換	そういえば
展開	例えばどんなことですか?

3. 視線と体勢

話している相手を見て聞きます。よそ見をしたり、ほおづえをついたり、腕・足を組むなどはしません。最低限のマナーは守りましょう。

4. 会話をさえぎらない

話の途中で相手の話に割り込まないこと。また、否定的なことも言わないようにしましょう。

5. 集中して話を聞く

体を揺すったり、必要以上に動いたりしないで、聞く姿勢を大切にします。

6. メモをとる

相手の話を聞きながら、重要なポイント、キーワードをメモします。メモに集中しすぎず、適切な相づちやコメントも必要です。

※メモをとられることに不快な気持ちを抱く人もいます。目の前でメモをとるときは、「メモをとらせていただいていいですか？」と聞いてからにしましょう。

7. 確認をする

わからなかったこと、聞き取れなかったことは、「申し訳ありませんが、もう一度教えていただいてよろしいですか？」などとその場で必ず相手に確認しましょう。

COLUMN

保育者のふるまいと気配り

ふだんあまり意識はされていないかもしれませんが、保育者の姿、立ちふるまいは子どもたちの注目の的です。子どもたちは、どんな場面でどのようなふるまいが求められているのかを学んでいる最中ですから、保育者の姿を当然ながらお手本として見ています。

もちろん、家庭では保護者の姿を見て学んでいます。大きくなるにつれて、社会のいろいろな人の立ちふるまいを見て、人それぞれのふるまい方があるのだという認識ができ、場面に合わせて自分のふるまいを決めていくことになります。

些細なことでも、子どもたちが見ていることを意識しましょう。例えば、どうしても子どもを叱らなければならないとき、ある特定の子どもに厳しく叱ったとします。本人には、あまりひびいていないのに、叱られていないほかの子どもがすっかりしょげてしまった、ということがよくあります。一人の子どもに対応しているつもりでも、実は、一部始終を見ていた子が、自分は叱られていないのに、叱られているような気持ちになってしまうことがあるのです。一人の子どもだけを叱らなければならないとき、そ

の内容をほかの子どもたちにも聞いてほしい場合は別ですが、その子どものみに伝わればよいときは、ほかの子どもの前では厳しく叱ることは避けましょう。

保育者も保護者も子どもには、感情をぶつけてしまいがちです。当たり前ですが、子どもが傷つくような言葉は言わないことです。思わず言ってしまったら、きちんと謝ることが必要です。それは人と関わっていくための基本的なルールともいえます。

そしてやはり〝笑顔〟は大事です。保育者の笑顔は、子どもと保護者にとって安心の基盤になります。つくり笑顔だとやはり、無理していることが伝わります。自然な笑顔が出るように、心身の健康管理や人間関係の調整はふだんから心がけておく必要があるかと思います。

また、服装も大事ですね。子どもたちにも「身なりを整える」ことを教える立場上、保育者も清潔感が感じられるように気を配りたいものです。靴や帽子も汚れたら洗うなどのお手入れを忘れないでください。そのような気配りは、保育室のあらゆる環境に現れるものです。

“好感度”をあげる自己紹介

子どもたち、保護者、そして職員と、何度も出会いと別れを繰り返すことがこの仕事のおもしろさであり、やりがいでもあります。「出会いが肝心」と言われるように第一印象は重要です。これから関わりを順調に深めていくためにも出会いの機会を大切にしましょう。

新年度など、まずはじめは、自己紹介です。自己紹介の目的は、これからはじまるつながりのために、親しみやすい印象を与えることです。好感を持ってもらうためのポイントをおさえておきましょう。

子どもたちに

年齢にもよりますが、はじめて入園した子どもは不安になっている場合も多いので、一刻も早く安心感が持てるようしてあげたいですね。園は安心できるところ、楽しいところ

「せんせいのなまえは○○です、みんなは○○せんせいってよんでください」
「こまったことがあったら、せんせいをよんでくださいね」

だよというメッセージを伝えるためには、やっぱり笑顔です。

心を込めて笑顔で話せば、子どもたちはすぐに自分の〝先生〟と思ってくれることでしょう。

職員に

どんなときにも助け合える、信頼関係がしっかりとした職員集団は、よい保育や支援を行っていくための基盤です。はじめて会う職員には、助けてもらうことがたくさんあるでしょう。お互いさまはもうちょっと後。まずは謙虚な気持ちで「よろしくお願いします」とあいさつをしましょう。

はじめて職員を迎える側になっても、その職員の不安な気持ちを察しつつ、「困ったことがあったら言ってくださいね」とメッセージを伝えましょう。

自己紹介の流れ

あいさつ
- 「はじめまして」「こんにちは」など。
- 一般的なあいさつを笑顔で。

名前
- 「○○○○と申します」
- フルネームで、ゆっくり。苗字や名前に特徴があればさらりと説明するのもよい。

簡単な自己PR
- 出身地、好きなこと、子どもと行う遊びで好きなこと。
- 新人保育者さんであれば、出身校、保育者を目指した理由、意気込みなども。

あいさつ
- 「どうぞよろしくお願いします」「しっかりと頑張っていきたいと思います」など。
- 最後は、笑顔で一礼。

保護者に

新年度は、「どんな人が子どもの担任なのだろうか」と保護者も不安です。名乗ることはもちろん、素直にこれからよろしくお願いします、と気持ちを伝えましょう。

保護者にも子どもたちと同様に笑顔で「困ったこと、わからないことなどがありましたら遠慮なくどうぞ」と伝えて安心してもらいます。

その後の保護者会などの機会で徐々に親しくなれるように、工夫します。保護者同士のつながりも深まるように、一緒に行います。例えば、メッセージカードを作製して自己紹介を行った後に掲示する、自己紹介でなく他己紹介をするなど、楽しい機会にすると保護者とも親しくなることができると思います。

あいさつを兼ねた
個別の自己紹介

新しいクラスの初日は、教室に入ってきた保護者に、出迎えるように近寄り、笑顔で対応します。

おはようございます。○○組の担任になりました○○○です。1年間どうぞよろしくお願いいたします！

新しいクラスでの一番はじめのやりとり、第一印象は大切です。短時間で、丁寧に。

誰にでもあいさつを

園は、子どもや保護者、地域の人、業者など様々な人たちの出入りがあります。保育者だけでなく、いろいろな職種の職員が協力しながら保育を進めています。いわば、子どもたちを育てるための「共同体」。そこでは、あいさつが欠かせません。協力、連携していくためには、まず声をかけ合うことが必要だからです。声をかけることが、「お願いします」「はい承知しました」という意味合いにもなります。

また、園ではみんなが気持ちよく生活することが基本です。そのためにどうしたらよいかを子どもたちにも伝えていかなければなりません。〝あいさつ〟は、それが簡単にできる入り口となります。

例をあげればきりがありませんが、みんなが気持ちよく一日を過ごせるように誰にでも「おはようございます」、子どもをお預かりするときは「変わりありませんか？」、仕事に出る保護者には「行ってらっしゃい」と一声かけたいですね。

何かをお願いするときは「よろしくお願いします」と丁寧に。「ありがとうございます」も、心を込めて感謝の気持ちを伝えます。

そして、お迎えのときは「おかえりなさい」と一声があると保護者はうれしいものです。子どもにも「さようなら」「また明日ね」と元気に送りましょう。

人と人とをつなぐスキル

保育者の使命は子どもの最善の利益を守ることです。しかしそれは、保育者の力だけでできるものではありません。保護者はもちろんのこと、地域の人たち、関連機関の関係者、行政の職員、大きくは社会に生きるすべての大人に協力を求める必要があると思います。

子どもを守るためには、こうした輪が必要で、大人が子どもを守るという意識で結ばれ、緩やかにつながっていることが重要です。

人は一人で生きていくことはできません。一人では幸せになれません。人間として豊かに幸せに生きていくためには人とつながっていることが不可欠なのです。人にはいろいろな思いがあること、みんなが幸せに生きていきたいという願いを持っていること、自分の思いを実現するためには、ほかの人の思いを理解し、協力して折り合うことが必要であることなど、子どもたちに、人とつながる大切さを伝えていかなければなりません。

保育者は子どもという大事な存在を通して人とつながることができます。また、つなぐための手助けもできます。つまり、保育者には子どもを取り巻く人間関係を調整すること、緩やかによい関係にすることが求められているのです。人と人とをつなぐことによって保育者としての使命が果たせるだけでなく、自分も人とつながる幸せが実現できるのです。本当に素晴らしい魅力的な仕事だとつくづく思います。

つなぐ 1 子どもと子ども

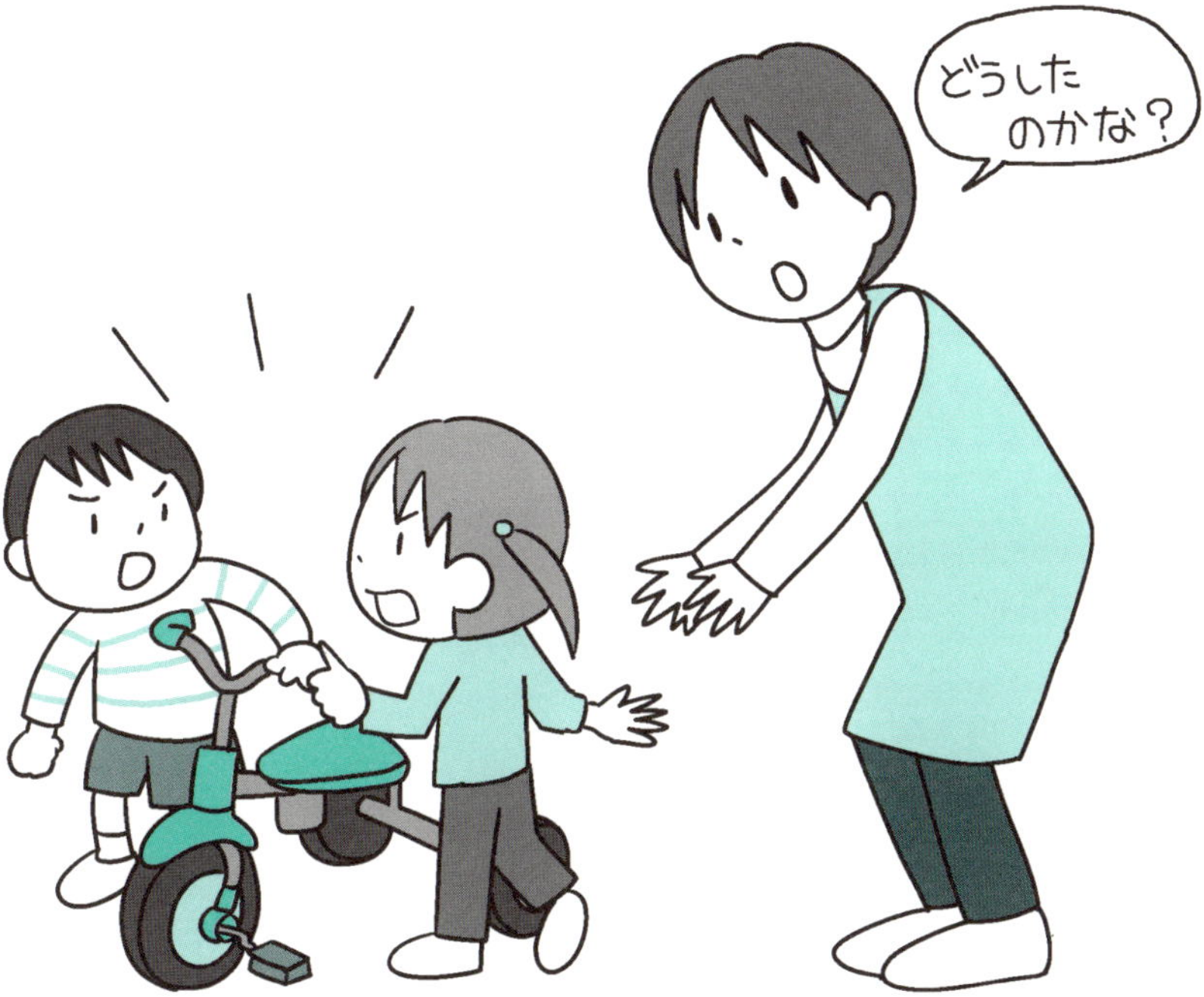

どうやってつなぐの？

乳幼児クラスの子どもたちはまだ言葉での表現が巧みではなく、自分の思いだけで行動します。結果的に玩具の取り合いや、様々なトラブルが起きます。そのときは保育者の仲立ちは欠かせません。「～ちゃんは～したかったんだって。～ちゃんもしたかったよね」というように、子どもの思いを受け止めるとともに、相手の思いを言葉にして伝えます。そのことで、相手にも自分と同じように思いがあること、自分の思いだけを通そうとすればうまくはいかないことがわかってきます。保育は日々このようなことの繰り返しです。

就学前には子どもたちだけで関係を修復したり、発展させたりすることができるようにもなってきますが、これは保育者が子どもと子どもをつなごうとする援助の積み重ねによって実現することです。社会性やコミュニケーション力を培うには、この育ちが不可欠なのです。

つなぐ2 子どもと保護者

どうやってつなぐの？

どんなに長い時間を園で過ごす子どもでもやっぱり一番は家庭であり、保護者です。どの子も自分のお父さんやお母さんが大好きです。これには保育者は勝てません。保育者はそのような子どもの思いを、そばにいて痛いほど感じているものです。

しかし、保護者には子どもの思いが通じていないな、と感じることが少なくありません。「□□ちゃん、お母さんがつくってくれた○○、すごく喜んでいましたよ」とか「ママがね〜っていつもお母さんのことを自慢気に話してくれます」など、子どもの思いは、保護者にたくさん伝えましょう。

子どもの気持ちの代弁者になって、保護者が子育ての喜びを感じられるように、家庭で子どもが保護者の愛情を感じられるように、親と子の間をつないでいきます。

つなぐ3 保護者と保護者

どうやってつなぐの？

保護者の中には周囲とあまり接点を持とうとしない方もいます。比べられたり、干渉されたりしたくないという思いを持っているのかもしれません。しかし、子どもは大きくなればなるほど、保護者の力だけでは守ることができません。いずれ地域に協力を求めていく必要が出てきます。そのようなときに心強いのは、自分と同じ立場の子育て中の保護者とのつながりです。

園はそうした保護者の仲間づくりにも配慮していく必要があります。日々の送迎時の会話や保護者会、様々な保護者参加の行事などの機会をとらえて、保護者同士を、つなげることができるような工夫をしましょう。

つなぐ4 保護者と地域

どうやってつなぐの？

仕事をしていることなどで地域との接点を持てない保護者がいます。またそうではなくても、地域で子どもが育つことの意義がわからない保護者もいます。まずは、その意義を保護者に理解してもらえるように、保護者会で伝える、地域の行事に園で参加するなど、保護者と地域を結びつけるような取り組みも必要になってきます。

また、保護者自身の子育ての悩み、子どもの発達の遅れやアレルギーなど健康上の問題を相談できる地域の窓口を紹介していくことも大事な役割です。子どものためだけでなく、保護者自身も今後地域で暮らしていくためには必要なことがたくさんあるはずです。

イライラ、もやもや…気持ちのコントロール法

思うように仕事がはかどらない、伝えたはずなのにうまく伝わっていなかった、やってもやっても仕事が終わらない…仕事をしていると、このような状態にしばしば苦しめられるものです。

このようなときによく陥るのが、こんなに大変なのは自分だけ?! なぜ?! という思い込みにはまってしまう状態です。笑顔はなくなり、気持ちは落ち込み、沈む一方…。まわりは、みんな生き生きと仕事をしているのに…。

こうなったのは、自分に能力がないからだ…と思い込まないでください。ますます落ち込む結果になってしまいます。たとえ、それが事実であったとしても、今それを考えることでは、目の前の状態を改善することはできないのです。それどころかますます事態は悪くなるかもしれません。

気分転換でオンとオフを

自分で自分を追い込まないように、小さな〝イライラ〟や〝もやもや〟を、すぐに解消できる方法を考えておきましょう。

事態の改善が望めない場合は、気分転換することが一番です。園を一歩外に出たら、家に帰ったら、布団の中に入ったら、仕事のことは考えない！　などと心に決めます。家族がいる方は、話すこと、聞いてもらうことですっきりするのもよいでしょう。趣味や特技で、仕事の関係以外の友人がたくさんいるのもいいですね。よく言われることですが、オンとオフの切り替えをしっかりすることが大事です。

仕事中に
イライラしても…

園を一歩出たら
イライラは
忘れましょう。

子どもから学ぶこと

子どもたちを見ていると、子どもなりに苦しいこと、悲しいことがあってもすぐに立ち直って、新しいおもしろいこと楽しいことを探しています。この柔軟性は見習いたいものです。大きくなればなるほどいろいろな事態に直面して、子どもなりに悩んだり苦しんだりしているものです。子どもたちも頑張っているのだと思うと少し元気が出てきませんか？　元気のない保育者を実は遠くから心配している子どももいるかもしれません。顔を上げて周囲をよく見てみてください。

やってみよう！　怒りのコントロール法

イライラしたときは考えても考えてもそのことばかり…、負のスパイラルに陥りそうなときには、次の３つのことを考えてみましょう。ノートなどに書き出してみるのもおすすめです。客観的に見つめ直すことで、ふっと楽になるでしょう。

＊なぜ自分はこんなに怒りを抱いているのかを考えてみる
＊今、この言葉を怒りとともに発したら、どのような事態になるのかを考えてみる
＊誰に、どこに怒っているのかを考えてみる
→相手に怒りの感情を出せるということは、自分に（相手に対する）甘えがあるということに気付くこと

保育者のモチベーションアップ法

一日、一週間、一か月…と、時間は長いようで短く、あっという間に過ぎてしまいます。思えば季節も変わっている…というのが現実です。働いていて疲れてくると一日の勤務時間が長く感じられるときもあります。気分が落ち込んでいると、保育の仕事にも影響が出てきます。自分流でモチベーションをあげてみましょう。

簡単！ 子どもといるだけでモチベーションアップ！

子どものかわいさが感じられると、「保育者をやっててよかったなあ～」と思えるものです。疲れを感じたら、やらなければならない事務仕事などはちょっとおいて、子どものすることに注目してみましょう。

例えば、ままごとなどは子どもが再現したいと思うものが現れるので、本当に興味深いです。0～1歳児では、言葉が出ていなくても、ぬいぐるみにごはんを食べさせようとしていたり、3歳児では、それぞれがそれぞれのイメージで遊びを進めていて、会話がかみ合っていなくてもみんな楽しそうです。聞いているだけで癒やされます。4歳以上になると、まるで大人の会話のよう。家庭での様子がわかったり、子どもの願望が見えてきたりします。会話に耳を傾けてみると本当におもしろい！ 延々と遊ぶ子どもたちのパワーに元気がもらえます。

また、外遊びが大好きという保育者は思い切って何も考えずに全力で子どもと遊んでみてはどうですか？どれも保育時間にできるモチベーションアップです。あー楽しかった！ と思えたら、きっと元気になれますよ。

やっぱり子どもがかわいい～。子どもといることで癒やされます。

発想の転換！ クリア式でコミュニケーション力も仕事力もアップ

朝のあいさつや声かけ、その日に忘れずに行うべきこと（To Do）などをリストにしておきます。

クラス担任を持っていると、意図的ではなくても、なぜかコミュニケーション不足になってしまう保護者も出てきます。気になる保護者も含め、リストにあげておき、終わったらチェック。クリア式でモチベーションもあげることができ、積極的にコミュニケーションをとることもできます。

モチベーションアップリストをつくってみよう

To Do リスト案

保育時間内

□ 自分から笑顔であいさつをする！目標20人！

□ 幼児クラスの子どもと思いっきりかけっこ、ドッジボールをする

□ 子どものよいところを見つけて、積極的にほめて、子どもと会話をする

□ 何でもいいから今日のことを話す！

・○○ちゃんお母さん、□□くんお母さん…と話す人、人数を決めて、クリアしていく。

□ 5歳児クラスの子どもとの関わりをする（ちょっと大人びた会話が楽しいものです）

プライベート

□ 休日やりたいことを書き出す

□ 欲しいものリストの作成

□ 帰り道、一駅手前で降りてウォーキング

□ 自分ごほうびを考える

□ アフターファイブにすることを計画する（英会話、料理教室など）

□ 友だちに会う（心配なこと、悩んでいることを友だちや家族に聞いてもらいましょう。もちろん秘密は厳守ですが…）

ションがアップした瞬間

保育者をやっていてよかったな。と思う瞬間はどんなときですか？ 忙しかったり、思うようにならなかったりしても、**かわいい子どもたちとのエピソードがあるから、頑張れること**をみつけてください。

すごく疲れて、はあーとため息をついていたら、1歳児の子がいい子いい子と頭をなでてくれた。保育士をやっていてよかった。

園外保育でお弁当を広げたら、「ぼくの食べていいよ～」と次々に子どもたちが自分のお弁当を持ってきてくれたり、口に入れてくれようとしたり…本当にかわいいですね。

お散歩のとき、いつもはにぎやかな子どもたちも、私の後にきちんと整列してついてきてくれます。振り返った瞬間、かわいくて、何ともいえない気持ちになりました。

先輩保育者に聞きました

私のモチベー

異動になり、ほかの園で勤務することに。偶然街で以前の園の保護者に会いました。「わ〜先生、元気？」としばらく再会を喜び、最後に「やっぱり先生がよかった〜」と言ってもらいました。

運動会での組体操。練習はしましたが、不安でむかえた本番…しっかりと決めるところで決めてくれた子どもたち。大成功でした。5歳児さんになって、しっかりしてきたこと、成長を感じられたとき。

コミュニケーション力につながる 保育者の社会人スキル

時間を守る

当たり前のことですが、組織で働いている以上はその職場のルールを守って働かなければなりません。ルールは必要があって存在するので、誰かが守らないとたちまち、運営に支障が出てきます。例えば出退勤の時間、会議の時間なども「自分が遅れても大丈夫っ…」と思うかもしれませんが、実際誰かがカバーをしなければいけませんし、皆で待っていれば話し合う時間そのものが短くなってしまいます。何より、ルールをきちんと守った人に迷惑をかけることになります。

また、〝時間〟というわかりやすいルールも守れない人は、信用ができないと思われても仕方がありません。チームで仕事をしている以上、お互いの信頼関係が何より重要です。

ひとりの行動でチームワークを壊すことにもなってしまいます。まわりに甘えず、時間はきちんと守ってしっかり仕事に取り組んでください。

＜保育現場に関わる時間厳守場面＞

会議、打ち合わせ…一人が遅れることで、出席者全員に迷惑をかけることになります。何ごともなければ、会議、打ち合わせは5分前集合を目安にしましょう。

行事、イベント…決められた集合時間よりも早く来る保護者、子どもがいます。雨などの天候トラブルにも対応できるよう、集合時間から逆算して少なくとも30分以上前には（園内で取り決めておくこと）配置につくようにしなければなりません。

出勤、シフト、当番など…園内でのルーティーンや、自分時間でも、ほかの職員に迷惑をかけないよう、余裕を持って行動しましょう。

守秘義務

保育の仕事は、個人や家庭の事情に踏み込むことが多いと思います。複雑な事情がわかって驚かされるようなこともあります。しかし、それは仕事上知り得た秘密事項です。何があっても外に漏らしてはいけません。医師や弁護士、カウンセラーと同様に保育者にも守秘義務があります。実習生も同様です。バスなどの乗り物の中での世間話でついうっかり、ということのないように注意しなければなりません。

最近では、SNSでのトラブルが多くあるようです。これくらいなら大丈夫、と思ってもいつ誰が目にしているかわかりません。書き込みは全世界に発信することと認識してください。ツイッターやフェイスブックで、本当にトラブルが多くなっています。プロとしてしっかり自覚しましょう。

保育者がSNSを利用するときの注意点

ついつい、日常のできごとを誰かに聞いてもらいたくなることはありますが、不特定多数の人が見ていることが想定されるツイッターやフェイスブックなどのSNSは、気をつける必要があります。

掲載した内容の人物や場所などが特定されてしまうと、個人情報の漏えいに該当します。最近では自宅のパソコンに入れていた個人情報がネットを介して流れ出す という事態も起こっています。自分の仕事を失うことにならないよう、くれぐれも慎重に。仕事上のことはもちろんですが、プライベートでも同じです。

会話を大切にする

　最近はメールやライン、ツイッターやフェイスブックなどで直接顔を合わせずにコミュニケーションすることが容易にできるようになっています。確かにスマホなどのネットを介したコミュニケーションツールは、用件を伝えるには便利ですし、写真やスタンプは、話すより簡単に印象を伝えられます。電話で話せないときもありますので、お互いの都合のよいときに確認し合うには大変助かるのも事実です。しかし、便利なものではあるのですが、言葉の裏にある相手の思いや表情を読み取れない、という大きな欠点もあります。

　保育者が日々接する子どもは、自身がまだ言葉で表現することや相手の言葉そのものを理解することが難しく、相手、特に大人の表情や雰囲気を読み、察することには素晴らしい力を持っています。しかし保育者が、簡単にコミュニケーションができるツールの使いすぎで、この力をなくしてしまうと、結果的に直接人とコミュニケーションをとることが苦手になり、保育者自身の人付き合いに支障が出てくる場合も考えられます。

　保育現場だけでなく、社会は、あらかた人間関係の中で成り立っています。コミュニケーションのとりやすい関係ばかりとは限りません。とりにくい場合はどのようにしたらとれるのか、よい関係はどうしたらつくれるのか、工夫しなければ仕事が進まないことがあります。力を失ってしまわないように、メールやラインなどに頼りすぎないようにし、電話で話すこともよいのですが、直接会って話し、お互いの気持ちを通わせることが重要であると思います。

直接会って話をすることのメリット

＊目の前にいる相手の表情がわかります（心情が読み取れます）。

＊表情や様子が伝わったのか、伝わらなかったのかがすぐにわかります。

＊これでだめならこれで、と様々な方法、対策をその場で話し合い、意図することの説明ができます（文面だけでは読み取れないことをお互いが理解できたり、何度も文字でやりとりすることなく、スムーズに話ができます）。

＊誠意や共感の気持ちがストレートに伝わったときは、相手とその場での共感を得られ、親しくなれます（距離が縮まります）。

電子コミュニケーションツールの使いすぎで気をつけたいこと

保育者自身のコミュニケーション能力の低下

言葉を省略したり、相手の様子や気持ち、都合を考えないで自分の思いを発言することが普通になってしまうことがあります。保育の質、子どもへの影響も心配です。

プライベートの過度な公開

フェイスブックやツイッターなど、名前などの入力でいろいろな個人情報が見られる時代です。

保護者、子どもにとってはネット上でも、先生です。たった１枚の写真で、不安を与えてしまったり、イメージが崩れたりしてしまうこともあります。ふだんの姿とかけ離れている部分を見せることは避け、利用するのであれば節度を持って掲載、公開します。

通勤・帰宅途中で…

出勤途中など園のまわりを歩いているとき、ながらスマホをしていませんか？

保護者や子どもとすれ違うときに気付かないほど夢中になってしまうのは、残念な行動です。

よい仕事をするために必要な気分転換！

休み時間の息抜き

園によって休憩のとり方が違うので、一概には言えませんが、疲れてきたら休憩時間には外へ出た方が気分転換にはなります。1時間をしっかり休憩として拘束されずに休みたいですね。また、おしゃべりの中に入らないといけない場合もあり、「逆に疲れそう…」というときもあるかと思います。自分の体と相談しながら、ときには横になって休むことも必要です。クラスやフロアで、しっかりと休憩のとり方について話し合っておくとよいでしょう。

休日の息抜き

とにかくまずは休んで体力の回復を図りましょう。好きなことを思い切りするのもいいですが、月曜日に疲れが残るとつらいものです。余裕を持って楽しく過ごしましょう。また、散歩や買い物など自宅の近所にもいいところやいいものがあるかもしれません。休みのときはぜひ探しに行ってみてください。よい気分転換になるかと思います。

話を聞いてもらう

人を受け止める「対人援助職」である保育者の仕事は、精神的にも大変疲れる仕事です。人を受け止めることは、考えている以上に大変なこと。保育者が常に元気で、人の気持ちを受け止めることができるためには、自分が誰かに受け止めてもらっていることが絶対に必要です。ストレスはためずに吐き出すこと、誰かに話を聞いてもらって、すっきりしましょう。自分が受け止めてもらってその快さがわかってこそ、人の気持ちを受けとめることができるのです。保育者も家族や友人といった大切な人たちに支えられているのです。常に感謝しましょう！

第2章

保護者との
コミュニケーション
スキル

なぜ、保護者を支援する必要があるのか

子どもの健やかな育ちにどのようなことが必要なのか、本当に正しい情報が保護者に伝わっていないのが残念な、今の社会の状況です。

幼児期の発達や特性が理解されないまま、早期教育が「お金もうけ」になっている現実を皆さんはどう考えますか？

このままでは、決められたことはできるけれど、自分では何も考えられない、決断できない、生きる気力や意欲のない大人、自分を表現することができない大人に育ってしまうのではないかと危惧しています。

子どもを守る保育者になるために

子どもは弱い存在です。大人に全面的に守ってもらわなければ生きてはいけません。守られ、愛されて育ってこそ、健全な人格が形成されます。子どもの最善の利益を守るためには、保育者は子どもにとって必要なことを、保護者に、そして社会に、発信していく役割があります。

しかし、その発信は説得力のあるものでないと無駄になってしまいます。食事や子どもとの関わり方、排泄についてなど、保護者が納得できる、気付くことができる効果的な伝え方を身につけていきましょう（46～51ページ）。保育者は子どもの思いを一番に理解できるプロです。子どもの思いを代弁する形で、保護者へ訴えかけます。また、伝えるだけではなく、その効果を確認することも大事です。絶えず検証することでよい方法を見いだしていくのもプロの仕事といえます。

「○○ちゃんには、どんなふうに育ってほしいですか？どんな大人に成長してほしいですか？」

保護者に、子育てに対する認識を高めてもらえるよう、機会があれば子どもの将来像について話し合ってみましょう。

保護者支援が必要とされる現代の事情

理由その1

子どものためではなく、自分中心の間違えた子育て

理由その2

核家族化

理由その3

子どもの発達や発育とズレた早期教育

理由その4

情報化社会による情報過多

「健やかな子どもの育ち」に何が必要かわからない、知らない

このままいくと…

・家族の団らんの減少

・家族の気持ちや思いのズレが解消できない

「健やかな子どもの育ち」に必要な家庭の役割、保護者にしかできないことが理解できる

支援があると…

・家族の団らんの重要性が理解できる

・家族の絆が深まりお互いを理解しようとする
・子どもが遊びや学びに積極的に取り組める

保護者支援スキルとは

支援のための姿勢と前提

どんな場合でも、まずこの姿勢と前提で支援することです。

姿勢

・保護者に対して一社会人として尊敬の念を持つ
・子育てのしんどさを理解しようとする
・身近にいる生活者として近い存在になろうとする

前提

保護者は…

・子どもへの愛情を持っている
・人間として親として充実した生き方をしたいと考えている

保育者は…

・専門家として知識や技術を持っている

支援をするときに、いつも頭の中に入れておくこと

すご～い♢
・子どもがママ、パパを大好きなように、親の愛は深い
・保護者自身は充実した生活を望んでいる
・私はプロである
・保護者を一人の人として尊敬する
・子育ての大変さを理解する
・身近な存在になる

保護者支援は、じっくり、1時間程度かけた面接を行うカウンセラーのような立場とは違い、基本的に毎日の朝夕、長くても5分くらいの会話の中で行うものです。

忙しい保護者には連絡帳でのやりとりが唯一の方法になるかもしれません。

忙しく保育をしながらの保護者対応は本当に難しいことですが、日々の積み重ねが大事です。コツコツと少しずつ、信頼関係を育んでいこうとする焦らない気持ちも大切です。

保護者支援の目的

- 保護者が子どもにとってベストな選択ができるようになること
- 親子の絆が育まれること＝親子が家族として幸せな状況になること

そのために保育者は…

- 保護者の不安や心配を理解し、子育ての協力者になること
- 子どもの成長をしっかり伝え、喜び合うこと
- 子どもが健やかに育つための正しい情報提供をすること
- 保護者が子育てについて考えたり、気付いたりすることができるような機会をつくること

保護者の子育て力をアップするために

伝えにくい大切なこと

保育者が保護者に、〝子どもにとって必要なこと〟を伝えるのは難しいことです。なぜならば、個人の家庭の事情にまで踏み込む場合も出てくるからです。

家庭での生活は、それぞれが個人の快適さや利便性で成り立っていることが多く、生活時間帯、洗濯や掃除・整理整頓の度合いなどは実に様々です。しかし、子どもがいるとその条件を変えなければいけないことが出てきます。例えば、〝朝食は気持ちが悪くなるからとらない〟、という大人の習慣も子どもにはそうはいきません。自分は食べなくても子どもには準備する必要があります。また、掃除は1週間に1回という習慣であったとしても、子どもにほこり（ハウスダスト）のアレルギーがあれば、こまめに掃除をすることも必要になります。

しかし、最終的に判断するのは保護者です。保護者の生活行動も理解しながら、プロの保育者として説得力のある説明をしましょう。

子どもの専門家として

保育者が伝えるべきことは、様々なかたちで伝えていきます。保護者が知らないことは、わかりやすく伝え、迷っていることは、こういう場合が想定されると見通しを示すことです。

子どもの育ちに必要なことは、時代や社会の変化によって変わってきますので、変化に合わせて、自身の知識や技術を変えていく柔軟さも持ち合わせていなければなりません。

よく、〝保育に正解はない〟といいますが、それは正解ではなく、同じ答えはない、ということだと思います。正解はないから勉強のしようがない、と思っている保育者がいたとしたらそれは大きな間違いです。保育に「基本と理論はある」のです。

子どもや保護者は一人ひとり違うので、確かに同じ答えはないかもしれません。でも人として、基本的なところは変わりません。

効果的な伝え方を

うまく伝えるには工夫が必要です。直接伝えるか、掲示か連絡帳か、保護者会か個人面談か、資料配布かなど、子どもや保護者の状況を考え、どうしたら効果的に伝わるのか職員で話し合い、よい方法を見いだしていくことです。

何より、こうでなければならないという思い込みは禁物です。柔軟に多様に、また、楽しく工夫をしましょう。

保護者のタイプに合わせた支援方法

連絡帳やたよりの活用

祖父母の送迎などが多く、日頃園に来られないお母さん、お父さんに。

園内掲示

保護者全般に広く知らせたいとき（緊急事態や感染症・近隣の防犯情報なども）。

声かけや個別支援

理解の難しい保護者、書面では伝わりにくい保護者。

保護者のタイプに合わせて効果的な伝え方を考えてみましょう。

保育者が保護者に伝えたいこと その1

食について

保育者としての考え方

食事といえば、まず栄養バランスのことが思い浮かびます。成長の著しい子どもには、十分な栄養が必要であることはいうまでもありません。子どもたちの大好きなファストフードもときどきはよいかもしれませんが、常にとなると脂肪や甘い飲み物での糖分のとりすぎも気になります。外食も食の安全性という点では、不安が残りますし、野菜不足も心配されます。基本は家庭でつくる食事です。

また、**食事は栄養面のことばかりでなく、誰とどのように食べたかがとても大事**なポイントです。みんなで楽しく話をしながら、季節が感じられるような食事のシーンは子どもの心にいつまでも残るものです。○○のときに食べた○○がおいしかった…と思い出される体験は、いわば**心の栄養**となるのです。食の体験は、「楽しかった」と「おいしかった」が密接に結びついて重なっていきます。そう思うと食は本当に大切なものですね。まずはその大切さをわかってもらいます。

また、食べてくれない…と悩まれる保護者もいます。好き嫌いなくたくさん食べることは理想ですが、楽しく食べることはもっと大事です。その子なりのペースを大事にするように伝えてみてください。

食育は、園内での指導ばかりでなく家庭での取り組みを支援していく必要があります。給食だより、掲示物などを使って日頃から大切さを訴えたり、保護者会などの話題にしたりするのもよいでしょう。

保育者が保護者に伝えたいこと その2 子どもとの関わり方

保育者としての考え方

毎日が忙しい保護者、仕事を持っている保護者は時間に追われて大変だと理解します。食事とお風呂、寝かしつけをこなすのに精一杯という保護者は多いでしょう。状況は理解できるのですが、子どもの生活や思いに無関心であってはいけません。

連絡帳があれば、突然の声かけよりも、文面で家庭での様子を聞いてみます。また、具体的な例として、お風呂の中で好きな歌を一緒に歌うように提案する、園で子どもが好きなレシピを伝え、お休みの日につくってもらうようにするなど、何気ないことですが親子の関わりを促し、意識してもらうだけでも大きな違いが出ます。何より、保護者は子どもが心身ともに健康で元気だからこそ、仕事が続けられることに感謝しなくてはいけないのですから。

保護者が仕事で忙しいでしょうが、一方で、**子どもも長時間、子どもなりに園で頑張っていることをわかってもらいましょう。そして子どもの生活に関心を寄せて**、会話を多く、また、どんなときがよいか例をあげて「ぎゅっと抱きしめてあげてください」などと、スキンシップもすすめましょう。

早く家事を済ませたい思いが強くて、なかなか寝ない子どもに「イライラするのもありがちなことです」と同情しつつ、「思い切って子どもにお話を聞かせながら、一緒に眠ってしまっては？ 朝早く起きればすみますし、子どもにとっては大事なひとときになります」というようなことを楽しく、また**子どもの気持ちを代弁するように伝えて**みましょう。若い先生や子育て経験の有無にこだわる保護者には、例え話として、また、ほかのお母さんの例として伝えてみましょう。

保育者が保護者に

伝えたいこと
その3

排泄《はいせつ》について

保育者としての考え方

紙おむつの質が向上したためか、子どもたちの排泄の自立が確実に遅くなっています。幼稚園に3、4歳で入園してくる子どもでも、まだおむつが外れないままでいる子どもも多くなっているそうです。最近は、「そのうちに外れるから」と、まず大人の便利さを優先させてしまう場合が目立つように思います。しかし、**おむつはもともと子どものためのものではなく、大人が困らないようにするためのもの**です。子どもにとっては、おむつは赤ちゃんの象徴であり、パンツになることは、自分が大きくなった誇らしさを感じられることでもありますので、**早く自由にしてあげたい**ものです。タイミングのよい時期におむつをとらないと、恐怖心が出たり、プライドが傷ついたりしてしまうこともあります。

最終的な判断は保護者に任せることになりますが、子どもの様子を見て、**保育者が保護者に「今が外すのにいい時期かも」ということを伝えて、きっかけをつくってあげること**はできます。**排泄の自立は子どもにとって大きな成長の節目になることの大切さ**を伝えて、園と家庭で一緒に進めることができるようにしてください。

保育者が保護者に 伝えたいこと その4

夜ふかしを感じさせる子どもについて

保育者としての考え方

家庭によっては、家業の都合や保護者の帰宅時間などで子どもの寝る時間が遅くなってしまう場合があります。遅く寝れば、早く起きることは難しく、園でも午前中はボーッとして過ごすことになり、充実した時間を過ごすことができなくなります。保護者が家庭にいる場合でも、家事を済ませる都合上遅くまで寝かせているという家庭もあります。十分な睡眠時間を確保しないと疲れがとれず、子どもでも体調を崩すこともありますし、成長にも影響が出てきます。

そのような家庭には、**基本的な生活リズムの重要性を理解してもらう**必要があります。掲示物や園だより（ほけんだより）などを利用して、科学的に、一般的に紹介したあとに、個別で指導をすると、受け入れ方も違うでしょう。

さらに、**就学を見据えた生活リズムをつくっていく必要もある**ので、園で午睡をしなくなればなおさら早い時間に寝かせたいところです。この課題も家庭の習慣なので、変えさせることは本当に難しいことかもしれませんが、日頃の子どもの様子を伝えながらお願いし、**少しでも効果があったらそのことを報告して保護者の意識があがるように**していきましょう。

保育者が保護者に
伝えたいこと その5

衛生習慣について

保育者としての考え方

衛生面については、家庭によって感じる度合いが違うので難しいところです。必要以上にきれいに清潔にする必要はないと思いますが、集団生活の中で困るところがあれば、保護者に伝える必要があります。

毎日の入浴や爪切り、朝の洗顔、うがい・手洗い習慣などを園でも指導することはありますが、基本的なことは家庭にお願いしましょう。また、着替えやお手ふきタオル、シーツ、靴などの洗濯も、快適な生活を送るためには必要なことです。もし滞るような場合には、何らかの理由があるかもしれませんので、事情を聞いてみましょう。また、生活習慣でのお願いがなかなか伝わらないときは、**保育参観などで直接見てもらう方が効果的な場合も**あります。さらに不潔な状態が目立つようであれば、深刻な状況も考えられます。園全体で対策を考える必要があります。

保育者が保護者に伝えたいこと その6

忘れ物について

保育者としての考え方

園の活動に合わせて、保護者に持ち物のお願いをすることがあります。例えば園外保育ではお弁当や水筒、敷物やお手ふきなどが必要です。子どもにとっては楽しい体験なので、ぜひ協力してもらう必要がありますが、忙しい等の理由で保護者が準備を忘れてしまうような場合も想定されます。

忘れ物によって、困るのは子どもです。楽しい体験がつらいものになってしまわないように、連絡事項は掲示する、連絡帳に書く、プリントを用意する、帰り際に声をかけるなど、**保護者の状況によって対策を忘れないように**します。

保護者に負担をかけないように全部園で用意する、という園もありますが、保護者のお弁当を何より楽しみにしているのは子どもたちなので、ここはぜひ協力を求めたいところです。**子どもにとっての活動の意味やお願いする必要性について、わかりやすく伝える**ことが大事です。

COLUMN

子育て支援は誰のため？

かつては「3歳児神話」と呼ばれる「3歳まで母親の手で育てられなければならない」という考えがありました。この考えは巧みに社会に利用されて、男性は仕事、女性は家庭と子育てという社会的な役割が決められて、日本の高度成長時代を支えてきました。しかし、その結果として少子高齢社会を招き、労働人口の不足、地域の過疎化などの社会問題が数多く起こっています。現在は少子化による労働人口の不足が深刻で、女性にも働いてもらうべく子育て支援が進んでいます。つまり政策としての子育て支援は、社会の在り方に翻弄されていくものであり、そこには〝子どもにとって大事なことは何か〟という、いわば子どもの側に立った視点は、まったくというほど存在していないのです。

いったい子育て支援とは、誰のための何のための支援なのでしょうか？　これは大事な問題です。

少なくとも、長時間預かってくれる保育所を増やそうとするのは、子どものためではないはずです。増やすのならば、その保育の質を吟味しなければなりません。しかし、現実はそこに至っていません。企業も参入して、子育ての負担を減らすという名目で子育ての肩代わりをしてくれるところは増えてきました。

「子育て支援なのだから、（預かってもらって）当然よ」という保護者の言い分は、どうとらえればいいのでしょうか。

はっきりと言わせていただければ、子育て支援とは保護者のためのものではありません。保護者が、子育ての大変さを避けるためでも自分の時間をつくるためのものでもありません。子どもたちが家庭で健やかに育つことを想定して行う支援なのです。支援を通して、保護者には「親」として育ってもらわなければいけません。確かに支援の選択肢は増え、展開されるようにはなってきました。しかし、親としての成長というところが、決定的に欠けています。親には親にしかできない役割があり、子どもの育ちに大きな影響を及ぼすのは確実なことです。

しかもその支援は、結果的に保護者も親としての幸せをつかむことになるはずです。様々な子育ての苦労を乗り越え、親子の絆を確実なものにできたとき、幸せなのは子どもばかりでなく、家族とともに成長できた親の世代にも当てはまることだからです。そして、そんな親としての生き方を見て、子どもは成長し、次世代の親となります。つまり、今行っている子育て支援は、人々がよりよく生きることのできる社会づくりにつながっていくものなのです。

現代の子育て世代の問題点

親子の関わり方が、あちらこちらで問われている現代の子育て。どのようなことが問題なのでしょうか。大きく４つに分けられます。

①子育ての大変さだけにとらわれてしまい、子どものかわいさを感じることができず、子育ての喜びを持てないでいる

②子どもの健やかな育ちの姿、そのために必要なことはどのようなことなのかを知らないままに子育てをしている

③保護者にしかできない大切な役割について意識していない、気付かないいままでいる

④周囲との関係を良好に保つことで子育てがうまくいくことが理解できない

保護者の意識が低いと、保育者を専門家として認めることもなく、園は子どもをただ預かってくれればいいという姿勢になりかねませんし、現状そのように考えていると思える行動をとっている保護者もいます。

自分の都合ばかりを優先して、子どもの気持ちや育ちをまったく理解しようとしない発言をする保護者も少なくないのです。例えば「明日から海外旅行なので、熱が出ると困るから、今日は水遊びをさせないでほしい」「玄関に金魚の水槽や季節の木の実が置いてあるが、子どもが見てしまって早く帰れないので、やめてほしい」などという要求。これが子どもにとってマイナスだということが、わかっていないのです。

親子の関係も同じです。ファミレスで、６か月くらいの赤ちゃんにスマートフォンの画面を見せながら、

あれっ？ と理不尽な要求を受けたことはありませんか？

こんなところに
水槽があるから
なかなか家に
帰れないん
ですよ!!

保護者自身が知らない、気付かないことがたくさんあるのかもしれません。

ご両親ともにそれぞれのスマートフォンに見入っているという姿に遭遇しました。会話、話しかけるなどのコミュニケーションはまったくないのです。本当に驚くばかりです。知育アプリでもあれば、すぐにダウンロードして…というところでしょう。親子の関わり方も、ここまで来たかと、呆然《ぼうぜん》としてしまいます。言うまでもなく、子どもは家庭の中で大人の表情や行動を見て、自分のふるまいを学びます。自分の行動を周囲の大人がどのように評価するかで、自分の価値観をつくりあげていきます。つまり、関わりなくしては人間として成長することはできないのです。

しかし、嘆いていても事態は変わりません。子育ち、子育ての専門家である保育者が先頭に立って、社会全体に訴えていかなければいけません。

保護者に伝えたい４つのこと

その１

子どもはかわいい、子育てはとても楽しいこと

その２

子どもにとってはやっぱり、お母さん、お父さんが一番なこと

その３

子どもにとって、発育・発達のために家庭で身につけるべき生活習慣

その４

家族だけでなく、地域などの子どもを取り巻く人と人との関係を大切にするメリット

ケース1 子育てに意欲がない

現代にみられる

保護者のタイプ別 対応と声かけ

子どもにもいろいろなタイプがいるように、もちろん保護者にもいろいろな人がいます。特に問題もなく通常の関わり方で大丈夫な保護者ばかりではありません。いくつかのタイプに分けて保護者支援のヒントを示します。

子どもより自分を優先してしまうところがある

子どもの偏食や生活リズムの乱れも気にならない

元気がない、遊べない…など

親にはなったけれど、子どものことは祖父母や保育園にまかせっぱなし。自分の仕事や趣味が子育てより優先。子どもの食生活や生活リズムの問題など、健康に関わることにも無関心。

園への依存度も高く、おむつ外し、好き嫌いの対応など、園に求めることも多い保護者のタイプです。子育てすることの大変さから逃れようとしている姿勢が目立ち、日々関わる保育者からするとちょっとどうなの！という気持ちにさせられます。

保育者としての対応

子育てはやっぱり大変です。子どもが生まれると大人は生活を変えざるを得なくなります。子どもがいないときは、夫婦の共通の趣味として、夜中までできた電子ゲームなども自由にできなくなります。生活を変えることは意外に大変なものです。もし代わりにやってくれるのなら頼んでしまいたい気持ちになるのも当然ともいえます。決心したつもりだったけれど、想像以上にしんどい、と思っても不思議ではないのです。

なぜなら、いままでは自分が生活の中心であったからです。好きなように生活できてきたのです。思うようにはいかない子育ての日々、夜中に泣き叫ぶ子どもに振り回されて呆然とするのも理解できますが…。

保護者自身も生活する上での体験が少ないのが現状で、家事も昔に比べて圧倒的に楽になり、何でも代わりにやってくれるところも増えてきました。しかし、**子育てだけは代わりが通用しません。子どもが求めているのは、やっぱり保護者**ですし、**保育者にはできない保護者の役割があるのも確か**です。そこをしっかりと伝えていくことが必要です。

子どもとの関わり方に注目する

子どもとの関わり方が少ないのでは？
と感じたとき
→子どもの気持ちを積極的に伝えてみる

○○ちゃんはお母さんが大好きなんですよ！
おかあさーん！

ケース2 情報に振り回されている

実はしっかり答えてくれる相談者があまりいない場合も…

SNS 依存症でアドバイスをしてもひびかない

子育てに対する不安がいっぱい

ネットで得た理不尽な要求をおしつける

ネットやテレビで事件などを見聞きし、正しいとは限らない情報を、自分なりの解釈でとらえてしまう保護者。不安でいっぱいで、ときに理不尽な要求をしてくることもあります。子どもを見ている保育者の話さえよく聞かないこともあります。核家族化の今、情報化社会の波にのまれているともいえるでしょう。

また、保護者同士のトラブルにも発展しかねないSNSの問題は深刻で、根拠のない情報・うわさに振り回されて、右往左往。仲間外れが起きてしまうこともあるようです。情報に振り回されることで不安が大きくなり、悩んでしまうなど、現代の情報社会の欠点を象徴するような保護者のタイプです。

保育者としての対応

今は本当に様々な情報が手に入ります。**困ったときはすぐに検索…しかし入ってくる情報がすべて正しいとは限りません。**かなりいい加減な情報もあります。悪意で情報を流す人もいますから、受け取る側はそれなりの意識を持たないとまずいことになるかと思います。

困ったことに、**今は子育ての正しい情報がきちんと社会全体に伝わっていない**と感じることが多々あります。例えば英語や水泳を早くからやらせるというのも悪くはないのかもしれませんが、それより外を自由に駆け回って遊ぶ体験、自然にふれて好奇心をかきたてられる体験が大事です。**保育者は理解していますが、保護者にはなかなか伝わらない現状があります。**

こうしてほしい、ああしてほしいとその都度入ってきた情報に振り回されて、訴えてくる**保護者にも、きちんと説明できる力が保育者に求められています。**

保護者の様子、思いを感じとる

とにかく、まわりを気にしすぎたり比べたりしている…と感じたとき

→子どもは子ども、お母さんはお母さん…とよいところを見つけて伝える

○○ちゃんは〜が
すごく得意ですよ
すごいですね
うん
うん

子どものすいみんについて
ほけんだより

保護者に情報を読み解く力が足りない…と感じたとき

→園からの正しい情報を発信する

ケース 3 自分の子どもしか見えていない

園での些細なトラブルでも、「うちの子はいじめを受けているのではないか」「（加害者の）〜ちゃんの保護者に謝罪してほしい」「今後の対応を園は文書できちんと説明してほしい」などの自己中心的なタイプ。ときに感情的になることもあります。

保育者としての対応

子どもたちが集団で生活する園では、子ども同士の関わりも成長のためには必要であると認識してもらいます。成長とともに多くの豊かな関わりが生まれ、環境をつくり、見守る援助を行っていても、当然トラブルも起きますし、ときにはけんかになることもあります。しかし、子どもたちがそこから学ぶことも大きいのです。もちろんけがをさせてはいけないのですが、小さなけがはどうしても避けられません。そうした成長の場である園での生活の意義をしっかり伝えていきます。

こまめに声かけをする

日頃から些細なことでも積極的に伝えて安心させる

（例）

「○○ちゃんは、△△ちゃんとこの頃すごく仲良しで、けんかをしながらも、一緒に遊ぶのが楽しいみたいです」など

精神疾患を抱えている保護者への対応

最近、園では精神疾患を抱えている保護者とのやりとりに悩む場合が多くなっています。あまりの大変さに保育者の方がまいってしまうということもあるようです。

原則は振り回されないようにする対策を考えていくことです。気分や病状で態度が変わることもあります。保育者が振り回されないようにするにはどうしたらよいのか、対策を考えましょう。

保護者のケアは園では不可能です。子どもを守るのは園での仕事ですが、保護者の問題に関しては行政や外部の相談機関に相談して、保育に支障のないようにすることが一番重要です。

園としての対応

気分や病状でクレームが変わる

- **担任１人で対応するのではなく、チームや主任、園長など複数で対応する**
  （保護者の気持ちの揺れに、保育者が振り回されないこと）
- **クレーム内容によっては、長期間対応をすることになるため、必ず記録をとっておく**

突然園に来て話しはじめる

- **保育時間中など、チームとして対応ができない場合には**
  保育時間中で職員が手薄であること、ゆっくり話を伺いたいと伝え、事前にお電話で日時を決めてからの来園にしてもらうよう、はっきりと伝えます。
  そして、話しはじめる前に必ず、「今日は○○がありますので、○時まででお願いします」と終わりの時間を伝え、時間になったら「申し訳ございませんが、時間です」とはっきり伝えます。もちろん、記録はしっかりとります。

保護者と積極的に会話をしよう

　保育者の笑顔は、子どもも大人も安心のもとです。まずは、安心感を与える表情を心がけます。

　つぎは、話の話題、きっかけです。天気の話、最近のニュースなど、毎日の些細なことでよいでしょう。でも、一番は子どもの話題です。ほほえましい出来事や思わず笑ってしまう子どものエピソードがあったら、保護者にすぐに伝えます。保護者もわが子が元気に過ごしている様子を聞くと安心します。

　保育者として、子どものことを楽しく魅力的に話せるかは大切なことです。一日一言でも保護者に話題を提供できると素敵です。

誰にでもある苦手意識

　子どもたちに話すのは大丈夫だけれども、大人（保護者）と話すことは苦手だなと感じる保育者が少なくないようです。

　〝よい印象を与えたい〟と考えすぎると、言葉を選び過ぎてしまい、結局言いたかったことが言えなくて、どうしたらよいのかわからなくなってしまうことがあるかと思います。そんなときには、〝話す〟ことにこだわらずに、まずは聞き上手になります。保育者は、保護者と一緒に子どもを育てていく立場です。親身に聞き役に回りましょう。繰り返していると、話している人の心持ちが何となくわかるときがあります。

　聞き役に回ったら、「もしかしてそれって○○ってことですか？」など言葉にして返しながら会話をはずませましょう。

Point! 日頃から保育を楽しんでいますか？

　保育者が保育を楽しんでいないと、子どもたちも園生活の楽しさを感じることができません。そして、子どもの成長も感じ取ることが難しくなります。保育は、生活や遊びが子どもにとっていかに楽しく充実したものになるかを保育者が工夫することがすべてといっても過言ではありません。日々の中で、保育の楽しさを積み上げていってほしいと思います。自然に引き出しも増え、保護者に伝えるべきネタもすぐに出てきます。結果的に保育者としての力量をあげることにもつながります。

保育者版

保護者との会話、きっかけのための導入バリエーション

話をはじめるきっかけとして、あいさつがありますが、もう少しコミュニケーションをとりたいときには、相手が答えに困らないテーマで話しかけましょう。子どもに話しかけるようにしてもよいでしょう。

テーマ	導入例	ポイント
天気	「今日はいいお天気ですね、来週の遠足も晴れるといいですね」 「暑くなりましたね、あ！ ○○ちゃんのお洋服涼しそうでいいですね！」	相手を選ばないで使えるのが天気の話題です。今日の天気や、時季のこと、天気によって左右される園の予定にからめてもよいでしょう。
園周辺・地域	「この時期は、○○公園で桜がきれいですね。お花見などは行かれますか？」 「駅から園に来る途中に○○がありますね」	園内で咲いている花や見つけた虫、飼育している動物や、地域での行事スポットなども会話のきっかけになります。
子どもの流行	「○○ちゃん、△△（キャラクターの名前）が好きですね。今日もお友達と△△ごっこ遊びをしていましたよ」 「新しい△△のハンカチを見せてくれた姿がかわいかったです。手洗いの後もそれでしっかり手を拭いていました」	保育の時間に子どもたちの間で話題になっていたり、発していることばから好きなキャラクターがわかれば触れてみましょう。子どもをよく見ていてくれている…と言う印象を与えます。
芸能・スポーツ	「今度のサッカーの予選、楽しみですね。○○くんもサッカーに興味があるみたいですね、おうちで一緒にご覧になっているんですか？」	誰もが知っていて共感できる話題や、ニュースで取り上げられているもの、例えばオリンピックやワールドカップなどスポーツの大きな大会の話題を質問形式のようにふってみると、相手が答えやすいかもしれません。
家族・兄弟	「○○ちゃん（くん、などできょうだいの名前）はお元気ですか？」	卒園したきょうだいや、お母さんが妊婦さんであればこれから生まれてくる赤ちゃんに触れてもよいかもしれません。

保護者と 話すスキル 4つのポイント

できる保育者の基本は“聞く・話す”が自然にできることです。ここで紹介するポイントをもとに、自分なりの方法を見つけてください。

1. 表情と態度

にこやかな笑顔は、コミュニケーションの強力な手段です。あいさつは笑顔で、相談、注意などは真剣な表情などと状況に応じた表情を。

2. 声

表情とともに、声はとても重要です。同じ声でも大きさ、低さ、話す早さなどで印象は異なります。伝えたいことに応じて使い分けるのもテクニックです。

声のトーンで異なる印象

メリット	声が	デメリット
積極的	大きい	うるさい、デリカシーがない
控えめ	小さい	消極的
明るい	高い	子どもっぽい
落ち着いている	低い	地味

3. 敬語・言葉遣い

覚えておくと便利！

角がたたない話し方

説明するとき

× 「これなんですけど…」
○ 「□□の件で、お時間よろしいでしょうか…」

状況をわかってもらうとき

× 「こういう状況ですので…」
○ 「事情をお察しいただければ…」

確認するとき、改めて説明するとき

× 「当然ですけど…」「わかっているかと思いますが…」
○ 「ご存知かと思いますが…」

念押しで連絡する

× 「前にも言いましたけど…」
○ 「何度も申し訳ありませんが、念のため…」

保護者には敬語が基本です。丁寧すぎるのも、敬遠されてしまいます。適度な敬語で失礼のない気持ちで話します。専門用語、略語、若者言葉にも注意しましょう。

4. タイミング

出勤前の保護者、保育中の保育者…、お互いに忙しいときの会話のタイミングはとても重要です。朝の受け入れ時では、一人のお母さんと話し込まないように。また、慌てて早口になって、要点が伝わらないことのないように気をつけましょう。

COLUMN

保護者を理解する

長い間保育者をやってきて、たくさんの子どもたち、そしてその保護者との出会いがありました。うれしかったこと、つらかったことなど様々ですが、どれも勉強になることばかりで、保育者として成長させていただけたのではないかなと、子どもたちのみならず保護者の皆さんにも感謝したい気持ちです（おわびしたい方々もたくさんいらっしゃるのですが…）。

保育現場を離れてすでに10年がたとうとしていますが、先日かつての保護者よりお誘いをいただき、ある国際的なイベントに参加させていただきました。本当に久しぶりに会う大きくなったお子さんとご両親でした。お子さんは私をすでに忘れているかと思いますが、ご両親とは当時のまま生活が続いているかのように話をすることができました。

イベントでは、様々な国の人々と笑顔で話す（もちろん英会話です）お父さんとお母さん…そのときに感じたことがありました。私は、そんなご両親の一面を見ることなく、また理解することもなくいたんだな…ということです。保護者は、様々に

活躍する素晴らしい社会人であり、保育者が見るのは、「親」としての一面だけなのだという当たり前のことに気付きました。

保護者を理解しようとするときに、まず必要なのは社会人としての尊敬であり認識です。そして「親」という一面は大変プライベートな顔であり、弱い部分も出てきて当然であるという理解が必要なのだと思います。子育てを支えるとは、まずその弱い部分を認めながらそれでいいのだと肯定することです。そこから出発できれば、相互理解も容易にできますし、お互いの立場もわかりあえるのではないでしょうか？　理解の前に姿勢や前提が大事で、それは必ず伝わるのです。

また、どんな保護者にも思いがあり、言い分があります。子どもへの愛情のない保護者はまずいません。感じられないときは、表現ができないのかもしれないし、保護者自身がSOSを出しているからかもしれません。保育者の専門性がまず、子ども理解にあり、保育がそこから出発するように、保護者の理解から家庭・保護者支援ははじまるのだと思います。

保護者との信頼関係を築くには

保護者としっかりとした信頼関係を築くには、まず子どもの情報を適切に伝えることです。保育者と保護者は、その育ちを共有していくことで、子どものよりよい成長につなげていくことができます。

そのためには、どんな子どもの姿もプラスに、ポジティブにとらえることが大事です。また保育を楽しむ心が重要です。

どんなエピソードにも子どもの成長のエッセンスが含まれています。まずは保育者の感性で発見します。記録をし、改めて振り返ることでその成長に気付いたら、保護者にしっかりと伝えましょう。保育者が感動したことを率直に伝えることで、保護者にも子どものかわいさや子育ての楽しさが伝わると思います。きっと家庭での子育ても変わってくるでしょう。

メリットは、ほかにもあります。保育での気付きを伝えるときには、保護者からも貴重な情報がもらえます。楽しいエピソードを両者で共有することができたら、素晴らしいです。保育者として専門家として、子どもや保護者に信頼されるように、子どもの小さな成長にも気付くことができる感性は、いつでも磨いていたいものです。

積極的に伝えたいこと

子どもが頑張ったことや友だちに思いやりのある行動ができたこと、けなげな思いや行動など。

子どもと保護者としっかりつながる 関係づくり 4つのステップ

STEP 1

1．保育を楽しみ、一人ひとりの**子どもとよく向き合う**

STEP 2

2－1．どんな子どもの姿も**ポジティブにとらえる**

2－2．子どもの姿から成長の**エピソードを見つける**

STEP 3

3－1．見つけた**エピソード**を伝え、**成長を共有する**

3－2．**家での様子**を教えてもらい、さらに**成長を共有する**

STEP 4

4．教えてもらったこと、子どもと**出会えたことに感謝**する

保護者と親しくなる

保育現場は、毎日いろいろなことが起き、本当に気が抜けません。楽しいこともたくさんありますが、危機的な状況に陥ることもあります。

子どもがけがをした、アレルギーの子どもに誤食をさせてしまったなど、気をつけていても少しの油断から起きてしまう事故があります。例えばそうしたとき、日頃の保育の中で、保護者との信頼関係がしっかりできていて、確実なものならば、しっかりと謝罪し、今後の対策を伝え、真摯にそれを実行する、それだけで大きなトラブルにならず、納得してもらえるのですが、信頼関係ができていないと謝罪が伝わらない、話も聞いてくれないなどのこじれた状態になることがあります。事故の反省とともに、なぜ信頼関係がつくれなかったのか、つくれていないのかも反省する必要があります。

保護者とよい関係が築けていない先生

困っている保護者の様子にも見て見ぬ振り

笑顔が少なく、とりあえずのあいさつ

申し送りを忘れて保護者に伝えない

決まったことしか言わなかったり、特定の保護者とだけ親しく話したりする

日頃接している中で、保護者の言葉がきつかったり、言葉遣いが悪かったりすると、それだけで何となく話しかけづらくなるものですが、こちらがそう思っていると必ず保護者も保護者に話しかけづらいはずです。まずは、プロであるこちらからアプローチしましょう。

共通の話題はもちろん子どもです。子どものかわいい姿や成長が感じられた姿を心を込めて伝えましょう。うちの子をこんなに見ていてくれているんだな、と思えば保護者は少しずつかもしれませんが、保育者を信頼してくれるはずです。子どもの成長を共有し、喜んだり驚いたりしたことがきっと保護者にも子どもにもそして保育者にとっても必ずプラスになります。そしていつか、子どもを送り出すときには保護者と一緒に喜べる、そして別れを惜しみ合う関係になりたいものです。

保護者とよい関係が築けている先生

些細なことでも気配りができている

笑顔でいつでもあいさつをしている

連絡事項は、しっかり伝える。早番などで直接保護者に伝えられない場合には、遅番の先生への依頼も忘れない

子どもに関する発見をこまめに教えてくれたり、ふだんから自然な声かけができている

1（保護者）対1（保育者）のコミュニケーション

保護者といっても、基本はまず同じ人間としての1対1のコミュニケーションが基本になります。保護者と保育者はゆっくりと話すことは意外に難しく、毎日の朝夕の短い時間だけに限られるのが現実です。まずは笑顔でこちらからあいさつをすること。緊張していたり、嫌だなーと感じながら接すると表情や言葉からそれが伝わってしまいます。

保育者という対人援助職としては、相手が話をしてくれないことには仕事ができません。相手が心を開いてくれるためにはこちらがまず自己開示することが大事です。自分の失敗や弱点もときには出せる勇気も必要です。相手と近い存在になるために必要なことは、まず自分が親しくなりたい、近い存在になりたいと思うことです。仕事だから仕方なくでは、相手に思いは伝わらないでしょう。

先輩保育者が実践している

保護者と関わるとき

POINT 1

最初から力まない

慣れるまでは、声かけのタイミングに迷ったり、緊張するのは当たり前です。

POINT 2

「イヤだな…」の先入観は持たない

嫌だな…と感じながら接していると、表情や言葉から伝わってしまいます。

POINT 3

ポジティブに考える

相手とよい関係になるイメージをしたり、思い、願うこともよい結果につながります。

Point!

保護者が何か言いたそうな素振りに、すぐに気付けるように、ふだんから様子をよく見ておきます。

コミュニケーションの基本となる“気付き”のポイント

子どもから	保護者から
①いつもと違う様子 元気がない、遊ぼうとしない、食欲がないなど ②感情の切り替えがなかなかできない いつもならすぐ泣きやむのにずっと長泣きしているなど ③友だちとのトラブルが多くなった いつもならゆずることもできるのに ④保育者をいつも気にしている様子が見える ⑤保育者に執拗《しつよう》に甘える様子が見られるようになった ⑥爪かみ、指しゃぶり、髪の毛を抜いたり引っ張ったりなどが急に目立つようになった  	①元気がない、表情が暗い、疲れている様子など ②子どもにきつく当たるようになってきた ③朝夕の引き渡しの際、保育者とあまり話そうとしなくなった ④夕方、なかなか帰ろうとせず、様子を見ている ⑤忘れ物をするようになった、連絡帳が未記入のことが増えた ⑥連絡帳で、さりげなく遠回しに保育者のコメントを求めているようである 

問題を解決するとき

子どもの様子に何かしら気になるところや問題があるときは、家庭での状況を聞き出すことも必要になります。そのような場合は、まず連絡帳をよく見たり、子どもから話を聞いたりしながら、状況をおおまかにつかんでおきます。また、元の担任から情報を得るのもよい方法です。その上で、聞かなければならないこと、伝えなければならないことを明確にします。必要に応じて、メモをしておきましょう。

話のとりかかりは、子どもの様子です。好きな遊びや興味のあること、仲良しの友だちなど保護者と情報を共有します。園ではこのような様子なのだけれど、家庭ではどうでしょうか？　とまずはポジティブな話題からはじめましょう。「ここはよいところなので伸ばしてあげたいと思っていますがご家庭では？」というように、園での考えも話してみます。毎日こまめに意見交換などを行っていると信頼関係もできて、必要なネガティブな話題も持ちかけやすくなります。

問題解決のための事前準備

気になるところを見極める

状況をつかむ

元担任に相談、子どもから話を聞いてみる、連絡帳にヒントとなることがないか、よく見る。

家での様子の聞き出し方

1. 園の様子をポジティブに伝えます
（遊び、遊び方、仲良しのお友だち、頑張ったことなどを中心に、よいことをはじめに言う）

2. 保護者の様子を見ながら家での様子をたずねます
（園での様子を話しながら、園では～だが家庭ではどんな様子でしょうか？ と話し、共通話題にするようなつもりでたずねる）

3. 具体的な様子や気になるところをあげて、保護者の意見（思い）を聞いてみます
（伸ばしてあげたいところや、援助していきたい点も伝える）

4. 保育支援につながれば提案します

5. 事後フォロー
（気になることはこまめに伝え、聞くの姿勢で情報共有をしていきます）

Point!

子どもの少し先を見据えて

保護者には今していることが実際子どもにどのような影響があることなのかはわかりづらいかと思います。しかし、毎日の生活こそ、育ちには一番重要であることを強調しましょう。食事や睡眠、生活リズムなどの重要性について、根拠ある情報を提供しながら考えてもらいましょう。

気になるところを聞き出すときの会話例

生活リズムの乱れが気になるＡくん（４歳児）について

その１：園での様子をポジティブに伝えます

「ＡくんはこのごろＢくんやＣくんだけでなくて、年長さんとも一緒に遊んでいるんですよ。朝、園に来たらすぐに『警察どろぼうやろう〜』って声をかけられていました。なんだか足も速くなってきたような気もするし。やっぱり大きい子どもたちと遊ぶってすごい刺激になるんですね」

その２：保護者の様子を見ながら家での様子をたずねます

「だけど、この頃すぐにつかれたーって座り込んじゃって。おうちではどんな様子ですか？」

その3：保護者の意見を聞いてみます

「大あくびのときもあるし、なんだか元気がないような気がするときもあるので少し心配です」

「単身赴任で働いている父親が、今、帰ってきています。毎日、はしゃぎすぎて寝るのがかなり遅くなっていることがあります。父親が戻ってしまうのではないかと、なかなか眠らず何度も気にして起きることもあります」

その4：保育支援につながれば、提案します

保育者としての対応

「Aくん、お父さんのことが大好きなんですね。じゃあ、お父さんと一緒に早く寝れるといいですね。そのときに、Aくんが大好きな本を読んでもらったら、きっと大喜びすると思います」と話し、Aくんのお気に入りの絵本を貸し出して、お父さんと一緒に読んでもらうことを提案してみました。お母さんはもちろん同意して、Aくんはうれしそうに絵本を抱えて帰っていきました。

どんなことでもポジティブに捉えられるような行動を見つけて、子どもにとってどのような状態になることが幸せなのかが保護者に伝わるように、また理解していただけるように話をもっていきます。

またこんなことができますよという提案をしましょう。親子が幸せで充実した子育て期を送ることができるように、小さなことでも子どもの思いに沿えるように考えていきたいものです。

外国人保護者とのコミュニケーション

　最近は様々な国の親子が入園してくるようになりました。中国、韓国、インドやアラブ諸国、南米の国々、またアメリカや西欧諸国など、本当に様々です。日本で長く生活している保護者は、日本の生活様式に慣れていますし、生活上日本語も理解できる方が多いものです。しかし、まだ日本の生活に慣れていない、もしくは日本語が全く理解できない、となるとコミュニケーションをとることはかなり難しくなります。子どもはあっという間に生活に適応できるので心配しなくても大丈夫なことが多いのですが、保護者とは様々な工夫が必要でしょう。身振り手ぶりで日常会話は何となく大意は伝わるかもしれません。簡単な英会話や英文でこと足りればよいのですが、もっとも難しいのは生活様式や子育ての考えが違うことです。日本人には当たり前のことでも、国によっては驚くようなこともあるでしょう。相手の立場に立てば、戸惑いと不安の真っただ中にいるはずです。

　まずはその理解からです。無理せず、ゆっくりと進めましょう。子どもが先に園に慣れて笑顔を見せるようになれば、保護者とも順に少しずつ打ち解けてくるはずです。

外国人保護者対応のポイント

伝わりにくいこと

＊諸費の集金　＊行事　＊しつけや文化　＊時間

→外国文化からか、時間にルーズな保護者がいる。相手からすると、日本では時間に厳しいと思っているようです。

＊お弁当を持ってきてもらう

→お弁当の習慣がないため、遠足での持参に理解が得られない場合があります。

先輩保育者に聞きました

外国人保護者との関わりで工夫したところ

母親、もしくは父親が日本人というパターンが多かったので、日々の様子を伝えるToday'sなど連絡事項で**掲示してあるものは必ず携帯電話のカメラで写真を撮って帰ってもらいました。**

幼児クラスの子どもだったので、**子ども自身にしっかりと伝え**、おうちでもお母さん、お父さんに**伝えることを約束していました。**

毎日のあいさつは欠かさなかったです。単語を勉強して、**あいさつだけは**英語、中国語、フランス語など保護者の**母国語でコミュニケーションをとり**ました。

入園当初などはやはり、保護者も不安に思っている様子だったので、**送迎時にちょっと時間をとってもらい遊んでいる様子などを見てもらってい**ました。

日本人の保護者であれば、掲示や口頭だけの連絡ですが、**持ち物などの連絡事項は忘れないよう、メモをして渡す**ようにしていました。

工夫したところ

どんなにベテランの先生でも保護者との日々の関わり方に悩まない先生はいないものです。会話のポイントや話題づくりなどのヒントとして、工夫したところを聞いてみました。

苦手な保護者には、とにかく笑顔であいさつをする！ ということを心がけていました。
ひきつっていたときもあるかもしれませんが…

保護者との雑談に困ったとき、子どもの持ち物をよく見て、大切にしているもの、好きなキャラクターなどを見つけて、それを話題にしました。ほかにも、お休み明けなど、どんなふうに過ごしたかを聞いて「どこどこへ行って楽しかったと教えてくれましたよ～」などを話題に話を弾ませました。

今思うと、保護者に伝えたかったけれど伝えきれなかった子どものよさ、成長の喜びもいっぱいありました。バタバタしていると、どうしても忘れてしまったり、余裕がなくて必要最低限のことしかできなかったりしたときもありました。やっぱり、細かいこともメモをとっておくとよいと思います。

先輩保育者に聞きました

保護者とのコミュニケーション

お迎えに来そうな時間の少し前に、苦手な保護者の子どもに話しかけて、その日にあったことを共通の話題としてとりあげ、振り返っておきます。そして、保護者が来たときに、子どもと手をつないだり、抱っこをして保護者を迎え（子どもがちょろちょろ動き回るので、抱っこで逃げないようにしていたこともあります）、「今日こんなことあったね～。ママに教えようか。楽しかったね～」と誘導。子どもを介して、保護者との会話につながり、以降苦手意識がなくなりました。

保育時間中にいつも眠そうにしている子どもがいました。保護者に睡眠時間をたずねると、仕事の都合（自営業でお店を経営している）のためか、子どもの睡眠時間にばらつきがあるということでした。
保護者の仕事の大変さなどを聞いて、理解していることを伝え、生活リズムについて話をしました。定期的に話をしていたら、少しずつですが保護者の考え方が変わってくれた気がします。そして、子どもにもお昼寝のとき、起こす順番を遅くして、ちょっとでもお昼寝時間を長くしてあげられるようにしました。

保護者とのコミュニケーション よくある悩み Q&A

Q どうしても合わない、話がかみ合わない、保護者がいます。どうしたらよいのでしょうか？

A なぜ合わないのでしょうか？ まず、それを考えてみてください。またこちらが合わない、と思っていると必ず相手もそう思っています。表情や態度にそれが出てしまうからです。

どんな保護者でも思いはあり、子どもには愛情を持っているはずです。まずこちらから笑顔であいさつをしてアプローチしてください。一言でもよいのです。まずは一言、言葉を交わそうとすることです。

Q 集団になると強くなる保護者が苦手です。

A ときどきそういう保護者がいらっしゃいますね。自分一人では要求が通らないと思っているのでしょうか。通したい要求があるということと考え、まずは受け止めることです。できることは努力しますが、できないことはきちんと説明をしなければなりません。無理な要求には毅然としていることも大切です。つまり基準をはっきりと示すことです。あいまいな態度をとっていると、こう言えば通るのではないかと思ってしまう場合もあり、通らないと憤るということになります。ほかの保護者との信頼関係にもひびきますので、あまりことを大きくせずに、個人的に話し合いをするなど（その場合は必ず複数で対応）で乗り切りましょう。難しい問題は、必ず上司(リーダー)、園長に報告して一緒に応対しましょう。

Q 障碍を持った子どもがいるクラスです。保護者の間では“○○ちゃんは乱暴すぎる！”と不満ばかりで、理解をしてもらえません…

A その子どもが乱暴で、ほかの子どもにけがをさせたとなると大変ですが、悪いのはその子ではなく、保育者の配慮の不足であることをまずは謝罪しなければなりません。また、そうした子どもがいる場合、クラス全体の保育を再度見直し、その子一人の対応と考えず、集団としての子どもたちをどのように育てていくかという視点で考えます。「その子がいるからこそ、ほかの子どもが育つこと」もたくさんあるはずです。そうしたよさを、保育者が保護者に保育の一環として伝えられるかにかかっているかと思います。

専門家として、外部の機関にも協力を求めながら、また園全体でカンファレンスをするなど、どの子も平等に有意義な園生活が送れるように、考えてください。そして その取り組みをしっかり保護者に伝えましょう。

Q “保護者と親しくなる”という感覚、方法がわかりません。どのようにすればよいのですか？

A 保護者と親しくなるということは、気軽に声をかけることができる関係になる、ということです。子どもの何気ない様子でも、気付いたことを園と家庭双方ですぐに伝え合う関係ができたら、どれだけ子どもにとって有意義なことでしょうか。子どもの最善の利益のためには、保護者とできるだけ親しくなる努力が必要です。

次に、“親しくなるようなふるまい方”ですが、まずは、どの保護者にも、明るく笑顔でこちらからあいさつをすることです。相手の保護者に対する印象やイメージがあったとしても、自分の思いや感じたことは一度取り払います。接したその瞬間に、保護者が何を思い、何を必要としているかを話しながら表情や言葉から読み取れるといいですね。

また、経験の少ない若い先生の場合は、保護者への尊敬の気持ちを忘れることなく接してください。ときには、保護者から子育てを教えてもらうつもりで真摯に向き合ってみましょう。

保育で使える英会話文例

おはようございます。
Good morning !

体調はどうですか？
How are you today, (子どもの名前) ?

明日は８時に登園してください。
Please come to school at 8:00 tomorrow morning.

早くよくなってね。お大事に。
Get well soon !

保育園に必要な物のリストです。
This is a list of things ○○(子どもの名前) will need at nursery school.

(メモを見せながら) バック、着替え、パジャマ…
A school bag, a change of clothes, pajamas…

持ち物には全て名前をつけてください。
Parents should label all personal belongings with the child' s name.

コミュニケーション＋α

中国語でのあいさつ

おはようございます。

早上好《ヴァオ シャン ハオ》。
Zǎo shang hǎo.

体調はどうですか（お変わりありませんか）？

你身体好吗《ニー シェン ティ ハオ マ》？
Nǐ shen tǐ hǎo ma?

さようなら。

再见《ヴァイ チェン》。
Zài jiàn.

また明日。

明天见《ミン ティェ チェン》。
Míng tiān jiàn.

第3章

職場における
コミュニケーション
スキル

職場でのコミュニケーション

園内の人間関係は、個人個人の仕事に計り知れないほど影響を与えます。園内に温かい雰囲気があり、年代に関係なくそれぞれの職員が自分を発揮して伸び伸びと仕事ができている園は、よい保育や支援に直結します。

保育には人間性が重要ですので、職員間でも信頼関係がしっかりとできていて、お互いを助け合い、楽しく仕事ができる雰囲気は何より重要です。

園内での基本的なあいさつと声かけ

ふだん何気なく行っているあいさつや声かけですが、その際にかける「言葉」や「言い方」だけが大切なのではありません。表情やしぐさ、視線などが一体になって相手に伝わります。むしろ〝印象〟の方が重要になります。

園内という場でも、相手のことを考えることで、言葉や言い方、表情やしぐさが変わってくると思います。

ふだん、自分の行動や言い方などの〝くせ〟には、あまり気付くことなく私たちは生活しています。これは人から言ってもらわない限り、わからないことが多いと思います。

例えば、全く悪意があるわけではなくても、相手の視線を外すことが多いと印象が悪くなることがあります。自分では笑顔のつもりでも、相手からはそう見えないかもしれません。お願いのつもりで言っていても、遠慮が感じられなかったり、強制されたようにとられたりするかもしれません。相手の人は本当に様々に感じ取るものです。お互いによい印象を与えるあいさつや声かけをしたいものです。

保護者の目

実は見られています 園内での先生同士の雰囲気

・先生同士が「おつかれさま～」「さっきはありがとう」などと明るく、声をかけ合っているのを見るとなんだか安心します。

・新人の先生が、先輩先生に向かって「○○の掃除、私がやります！」と体育会系のノリでした。上下関係がありそうで…あまり見たくなかったやりとりです。

園内の雰囲気がよくなる

印象UPの表情としぐさ

苦手な人ほど笑顔で

苦手意識は、態度に出てしまいます。社会人として割り切って、笑顔を。

“お願い”するときはやわらかく

依頼するのも、やってもらって当然という頼み方ではなく、相手が受け止めやすい口調で。

物・書類の受け渡しは丁寧に

とても忙しいときは別ですが、書類などは相手が読みやすい向きにして両手で受け渡しをします。

ここぞという話のときは、しっかり相手を見る

話をしているときに、相手から視線を外しすぎると、不安感や、落ち着きのない印象を与えます。

保育者同士の関わり方

上司・先輩との付き合い方

職場での経験、人生経験を積んできた上司、先輩は、自分よりも知識、経験は多いはずです。そのことだけでも尊敬することができると思います。先輩と自分は、同等ではありません、相手をたてる謙虚な気持ちで接します。

仕事上、上司の立場からすれば、部下に求めている基本的なことがあり、部下にもしっかり仕事をこなす義務があります。まず、どのようなことが求められているのか、よく考えて行動します。できないことはごまかさず、なぜできないか、できなかったかを素直に話し、必要があれば「申し訳ございませんでした」の一言を添えましょう。

教わり上手になろう!!

困ったことがあったときも早めに相談します。後輩ということを利点としつつ、成長しましょう。頼りにされて嫌な気分になる人はいないはずです。教えてもらうときの態度にも気をつけ、最後は必ずお礼を言いましょう。

年齢別上司・先輩との付き合い方

	上司・先輩
年上	言葉遣いは敬語です。謙虚に敬語で接しましょう。上司・先輩が女性の場合、女性の特徴としてよく言われる“感情的”な部分は、誰にでもあると思って接します。相手をカチンとさせるような言い回しなどには、気を配りたいところです。ちょっとした言葉で感情的にさせないよう、発言、態度には気をつけます。 基本的には、教えてもらうという姿勢で謙虚に接します。報告や相談をする場合は、様子をよく見てからにしましょう。感情的になっているときには、大事なことは話さない方が無難です。
同年代 年下	同世代でも年下でも、上司、職場歴で先輩にあたる人に対しては、きちんとした敬語で話をします。 自分がやりにくいと感じていたら、同じように相手も感じていることが多いものです。感情はおさえて、子どもたち、保護者のためによい仕事をするということを優先させて業務にあたります。

コミュニケーション＋α

手が空いているとき、先輩の行動を見て積極的にお手伝いをしましょう。こびを売るのではなく、自分のステップアップにつなげるのです。気が利く保育者ほど、誰からも好かれる、頼りにされると思います。「何かできることありますか？」の一言で、よい関係づくりを心がけます。

また、一緒に同じ作業をしているときに自然に生まれる会話が、よい関係をつくるきっかけになることもあります。

先輩から学ぶこと

保育現場ではいろいろな先輩に会うことでしょう。子どもへの愛情あふれる素晴らしい保育をする先輩、読み聞かせが上手な先輩、なぜか子どもたちが寄ってくる先輩…など、見習いたい先輩、尊敬できる先輩にめぐり逢《あ》えたら、それは本当にラッキーなこと。ぜひ細かいところまでよく見て、自分のものにしてください。

職員間では、少し〝キツイ〟印象の先輩でも、保育は素晴らしい方もたくさんいます。まねをしたい、と思える先輩がいたら、どんどん学んでいきましょう。

また、保育だけでなく、保護者との関係にも人柄は現れます。親しげなお友だちとのような感じではなく、保育者として、専門家として保護者から信頼されている先輩からは、そのノウハウをしっかり教えてもらいましょう。見るだけでなく、直接質問をして教えてもらうことも大事です。

一方「まねをしたくない」先輩がいるのも事実でしょう。保育の専門家で経験もあるのにもかかわらず、プロとしての意識が足りない人も、残念ながらいるはずです。反面教師にするのもよいのかもしれませんが、せっかくそばにいる先輩ですので、何かよいところを見つけることを意識して接するようにしましょう。自分の気付かなかった先輩の一面を発見できるかもしれません。

先輩保育者に聞きました

参考になった先輩の姿

メリハリがある先輩。クラスを持っているから忙しいはずなのに、保護者の出入りがピークの時間帯（送迎時）には、積極的に子どもと過ごし、ほかの仕事はしないで、保護者との関わりや対応（会話）がすぐにできるようにしていたところ。

子どもをひきつける力が強い先生。例えば、「絵本読むよ～」と声かけをすると、自然に先生のまわりに子どもたちがいっぱい集まる。誘い方の声のトーンや手業、手に持っていた小さな人形などの小技も使い分けていました。見ているだけで得るところがいっぱいだった先生は、もちろん、保護者からも抜群に支持されていました。

とにかく明るくて、いつも笑顔の先生。保護者へのあいさつだけでなく、園内でも「おつかれ～」と気遣いがある先生。小さなことでも相談や質問ができました。

こんなときどうする？ 保育は見て学びなさい！ というタイプの先輩とはどのように付き合えばよいのでしょうか？

職人の世界では当たり前のように行われてきたことかもしれませんが、保育の職場での“見て学びなさい”はあまりふさわしいこととは思えません。なぜなら、保育の場は人との関わりを学ぶところでもあるからです。保育者同士の関わりももちろん例外ではありません。子どもを育てることと同様に若い後輩を育てるのも先輩の義務です。それが、見るだけで話すこと抜きにできるのでしょうか？ 相手の思いは、見ているだけではなかなかわからないものです。

子どもでは、保育者が理解するためにより努力をしなければなりませんが、保育者同士はたくさん話すことが必要です。あなたが学ぶべきことは、そうした保育に込められた思いです。もし、先輩が“見て学びなさいタイプ”であれば、あなたから積極的に疑問を投げかけてみてください。そして後輩を育てる立場であれば、多くを話しながら教えるスタイルで、後輩を育てていくことを忘れないでください。

同僚・後輩との付き合い方

同僚、後輩とのコミュニケーションは、評価という堅苦しい関係ではない分、意見などを言い合えるところがメリットです。困っていることや悩みごとも話しやすいので、お互いが気持ちよく仕事ができるようなよい関係を築き、よい保育につなげましょう。

適度な距離感を

同僚・後輩と仲良くすることはよいことですが、職場での目的はよい仕事をすることです。相手が求めていなければ、プライベートに入り込むようなことはしません。お互いを尊重し、助け合える関係を築きましょう。

ときどき声かけを

あいさつを交わす、何気ない会話をすることで、打ち解けることができます。特に後輩に関しては、相談しやすい雰囲気をつくってあげることは、結果としてよい仕事につながります。

悪口、一時的な気分に惑わされない

仲良くなると、愚痴、悪口も言いやすくなります。どこで誰が聞いているかわかりません。仕事中など、人の悪口で盛り上がらないこと。また、他人のイライラなどの一時的な感情に振り回されないようにしましょう。嫌な気分になっても、深刻に受け止めないで聞き流すことも大切です。

同期という仲間

上司や先輩とはまた違った、何でも言い合える仲間はなんといっても同期でしょう。お互いに励まし合いながら、経験を重ねてきた仲間は本当に貴重です。他園に異動したとしても大事なつながりをなくさないようにしたいものです。

仕事をしている限り、ときどきは愚痴をこぼしたくなるときもあります。同期だからこそ、それを理解してくれるはずですし、理解し合えるはずです。やめようかなと思ったときは、一人で悩まずに、理解し合える同期に相談してみましょう。仕事を続けていくには、一人でも多くの「味方」を増やしていくことが必要だと思います。

年齢別同僚・後輩との付き合い方

同僚・後輩	
年上	保育士不足の昨今、ブランク明け職員や時間外などの職員採用などで職場歴では、自分が先輩になることがあります。その園のルールや決まりごとは先輩として教えますが、保育者としての先輩であれば、教えてもらうこともあるかもしれません。お互いに気持ちよく仕事ができるように、気遣いを忘れずにしましょう。
同年代	年齢も近い女性同士、仲良くすることはよいことですが、職場です。友情よりも、よい仕事をすることを忘れずに。年齢が近ければ、仕事の仕方や困ったときの解決法、持ち物や服装など、何でも聞きやすいので、そういった情報交換を上手に生かしましょう。
年下	後輩が新人さん（社会人１年目）ではない場合、過度な指示や監視は禁物です。おおらかな気持ちで、接しましょう。 少し年齢が離れてくると、話題などにも差が出てくるかもしれませんが、歩み寄りの気持ちで、「なに？」「教えて？」などとコミュニケーションをとるのも楽しいものです。最近、男性保育士が増えてきましたので、後輩の男性職員は珍しくないかもしれませんが、男性保育士１年目の意見としては、「女の世界」ということで、構えてしまう人が多いようです。受け入れる側としては、特別扱いしないで、女性職員と同じように接します。素直に聞き入れることが多い年下の男性職員です。長く働けるように、気遣いをしてあげましょう。例えば、男性なら力仕事が得意、体を動かしてダイナミックな遊びができる、年齢の大きな子どもたちの担任にした方がよいなど、考えがちですが必ずしもそうではありません。男性、女性、というより一人ひとりの個性を考えて適材適所で仕事を進めましょう。

仕事を上手に断りたいとき

仕事というのは本当に不思議なもので、それなりにできる人のところに回ってくるものです。

なぜ、私のところにばかり集まってくるのと愚痴りたくなる人もいるのではないでしょうか。頼みやすい、きっと引き受けてくれると思われているということもあるかもしれませんが、助け合い・支え合いが基本の仕事です。

頼まれたら、引き受けたいところですが、しかし、そうはいっても自分もいっぱいいっぱいで…。というときには、まず自分が今やっているこの仕事が済んだらやれるのですが、と事情を説明しましょう。先輩や上司から頼まれると断るのは難しいかもしれませんが、今この仕事をやっていてまだ終わらないでいる、ということをきちんと伝えればわかってもらえると思います。どんどん引き受けてしまうと結局できないことになり、仕事が滞り、ほかの職員にも迷惑をかけることになってしまうかもしれません。

できるときには気持ちよく受け、断るべきところはきちんと事情を説明して、わかってもらうということも人間関係を良好に保つためには必要なことです。

Point! 角がたたない断り方

依頼を断るということは、どんな断り方でも多少は相手をがっかりさせるものです。そのことは、どうにもできません。角がたたないという方法は、あるようでないといってもよいかもしれません。しかし、日頃からの仕事に対する姿勢や、伝え方によっては「今回は残念だったけれど…」と相手に思ってもらえるでしょう。

断るときのポイント

1.「せっかくですが…、○○さんからのお願いなのに申し訳ないです」などと相手をたてます。
2. きちんと断る理由を具体的に伝えます。「○○の仕事があるので～」など、状況の説明をします。

仕事の依頼を受けるときの心得

できる

- 簡単にできる
- 普通にできる
- ちょっと難しいけどできる
- 断れないもの（ルーティーン、断れない立場、緊急の仕事）

迷うもの

- できる方法を考える（少しならできる、期限に余裕があればできるなど）

条件付きで、相談して引き受ける

- 今の仕事を見直して

なんとかできそう
やっぱりできない

できない

- どうやってもできない
- やりたいけれど無理

“できる” ときには、気持ちよく引き受けます。

“できない” ときには、できないとわかった段階で早目に断ります。

カンファレンスのチームワーク

保育の現場では、日々いろいろなことが起こります。いつものこと、ありがちなことは自分だけ、もしくは、担任だけでも対処できますし、またそれが運営の基本です。しかし、毎日それだけとは限りません。思いがけないこと、自分ではそんなつもりではなかった複雑な問題も起こりますし、子どもの事故やけがなど想定外のことも起きる可能性があります。そのようなときは自分だけでは対処できません。

問題が起きたときこそ、保育者同士の助け合いが必要です。困っていることを勇気を出して開示し、園全体（フロアで、グループで）で問題解決方法を考えてもらいましょう。このケースでの解決方法が、将来同じようなケースで役に立つこともあります。それは園全体の保育の質の向上につながりますし、何より園のチーム力の向上になります。助け合う保育者同士の関係が実は保育においても一番重要なことなのです。

「担任だけに問題を抱え込ませないようにすること」これがカンファレンスにおいて最も大事なことです。保育者同士の助け合いができる、チーム力の高さが保育の質にもつながっていきます。

保育における問題解決のための カンファレンスや会議の進め方

1. 個々の保育者（担任）がやるべきこと

＊毎日の生活の中で一人ひとりの**子どもが楽しく満足した園生活が送れているのかどうか**を改めて点検してみる。

＊問題を抱えた子どもがいる場合は、**その子どもがどうしたいと願っているのか、困っていることは何なのか、阻むものは何なのか**をよく考える。

＊職員会議やカンファレンスにおいて、**問題の捉え**を提案し、支援の方向を決めるためのアドバイスや助言をもらう。

＊具体的な支援策を講じて、その**実践経過を報告**する。

2. ほかの職員がやるべきこと

＊職員会議やカンファレンスで提案された子どもの問題を経験や知識を踏まえて自分の考えを述べる、助言（アドバイス）をする。

＊**担任の意向を十分に尊重し、どのように協力できるか**を考える。

＊その子どもや保護者の様子を観察したこと、実際に関わったことを会議などで報告する。

＊経過の報告を受けて問題解決に向かうよう、引き続き協力を行う。

3. 園長・主任がやるべきこと

＊会議やカンファレンスでの問題解決のプロセスがスムーズに運ぶように、たとえば**問題の整理や外部との連絡、協力依頼**などを随時行う。

＊職員が経験や知識を基に意見を話すことができているかを確認し、日頃の**関係調整やメンタルなどの配慮**をする。

（『地域における保育臨床相談のあり方：協働的な保育支援をめざして』日本保育学会保育臨床相談システム検討委員会編、ミネルヴァ書房刊、2011 年より抜粋）

間違いを指摘するとき

後輩を指導する立場になったときは、間違いの指摘、意見やアドバイスを述べることもあります。若い後輩職員は、先輩の話し方、言い方に多大な影響を受けるでしょう。どのように指摘すればよいのでしょうか。

保護者の対応にも共通しますが、自分で気付くことが成長につながるので、気付くヒントを与えることです。遠回りかもしれませんが、ストレートな指摘よりヒントです。手間がかかることですが、人を育てるためには必要なことです。

また、先輩や上司の間違いは、指摘が難しいですね。自分の意見として、「〜した方がよいかと思うのですが…」と表明してみましょう。さらに、その意見の根拠として、「このようなことも考えられるから」と説明も加えましょう。筋がきちんと通っていれば、気付くはずです。

受け入れられにくい人の注意の仕方

・長い
（何を言いたいのかよくわからない）

・人と比べる

・私情が入ってくる
「私のときはね〜」

・あれやこれやと多くの指摘があり、過去のことも持ち出してくる

・声が大きいなど、威圧的

後輩職員・保護者にも使える！

受け入れられる注意の仕方

・１対１で直接伝える

大勢の前、ほかの人が聞いている前では注意しない。

・軽い注意はあっさり、にこやかにする

・否定形を使わず、肯定的に伝える

「～するといい」「～して」など。

・相手に考えさせる

ヒントを与えたり、「どうしたらいいと思う？」などの声かけ。

・最後は前向きに終わる

COLUMN

自分を信じる

保育者養成の仕事をはじめてから、いろいろな学生に会ってきました。子どもが好きで、子どもと関わる仕事がしたいとこの世界に入ってくるわけですが、何度かある実習は、とっても大きなプレッシャーになるようです。緊張が強く、実習に出ても硬い表情のまま過ごすことになってしまい、結局積極的には学べないままで帰ってくる学生もいて、それが自分の力不足と思い込み、落ち込んでしまう、ということが、最近ますます多くなってきたような気がします。

多くの学生に共通しているのは「自分のことで精一杯」という状況です。でも、それでは保育実習は不可能です。保育は自分のことはさておき、子どもや保護者により近づいてアプローチしなければならない仕事だからです。自分のことを心配している場合ではありません。子どもが今何を思い、何を必要としているのか、保育者はそれを読み取り判断しなければなりません。それを間近に見て学ぶのが実習です。自分のことは心配しなくても大丈夫だ、と思えないと学びの機会になりません。

まわりが自分をどう評価するのだろうかと心配で、子どものことが見えなくなってしまった、あれやこれやと考えすぎて実際の初日に家から出られなくなってしまった…などと自分のことが信頼でき

ずに、先へ進めない例を多く聞きます。確かに周囲はあなたを評価するでしょう。よい評価ばかりではないかもしれません。でもそれでよいではありませんか。次に努力をすればいいことです。実習生ですから、すべてがうまくいくはずはないですし、周囲も期待していません。自分はもっと信頼してよい存在です。誰もが確固たる自信を持っているわけでもないのです。保育者になってからも同様です、まわりの評価を気にしすぎたら、仕事は進みません。自分なりに頑張ればよいことです。地道に努力を続けていると必ず見てくれている人がいます。

弱虫な自分、無力な自分、できない自分、そうした自分を許し、受け入れ、大切にしましょう。まわりの人もみんな苦労をして不安を抱えながら生きています。みんな同じなのです。考えても仕方がない、前に進まなくてはと腹をくくるには、自分を認めることが必要なのです。自分のよいところを自分で見つける、自分を大切にするとはそういうことだと思います。

自分を大切にできてこそ、人も大切にできます。それは確かなことです。子どもや保護者、そして職員の仲間たちと本当に信頼関係を築いていくためにはそのことが不可欠です。

保育現場での報・連・相

「報告」「連絡」「相談」

社会人であれば知っているかと思いますが、〝報・連・相〟が徹底されていると、以下のようなメリットがあります。

まず、「報告」により職場の中でのコミュニケーションや雰囲気がよくなります。そして、「連絡」によって、意思の疎通ができ、「相談」し合うことで、問題や悩みごとが解決できたり、新たなアイデアが生まれたりして、活気のある、風通しのよい園内になります。一人ひとりがしっかり身につけておきたいことです。

報告

日々いろいろなことが起きる保育現場です。それぞれのクラスで起きたこと、フロアで起きたことなど、特に保護者に謝罪が必要な場合や今後の運営に支障が出るような場合は、必ず上司に報告が必要です。基本は直属の上司（クラスリーダー）からですが、状況によっては、園長に直接報告したほうがよい場合などがあります。緊急の場合には園長に伝え、その後上司にも必ず報告をします。

上司が知らないままでいると、対応の責任を問われた場合もきちんと説明ができませんし、上司の姿勢そのものが問われてしまう事態にもなりかねません。報告しようかどうか、迷うような場合はとりあえず報告しましょう。とくに保育現場では、周囲に相談しているうちに事態が悪くなることも考えられます。

また、〝報告〟にはタイミングを見計らうこと、ポイントを押さえることが必要です。伝える内容をあらかじめ整理しておき、要領よく報告できるようにしましょう。

先輩保育者に聞きました

うわさ話に負けないために

新人のとき、小さなミスが続き、同じクラスの先生に迷惑をかけたことがありました。職員内でうわさ話となり、段々と話が大きくなって、事実とは違う情報がうわさになっていて落ち込んだことがありました。そんなとき、園長と同僚だけは理解してくれて、励ましてくれました。なぜかというと、日頃から園長と同僚には雑談程度ですが、経過を話していたからです。小さなことでも、伝えておいてよかったです。報告というと、形式的なイメージですが、雑談のような経過報告の仕方もおすすめです。

小さなトラブルでも園長に報告を

事例　1歳児クラスで、“かみつき”が広がっていて担任保育者はどうしたらよいのか、頭を悩ませていました。あるとき、Hちゃんが J くんに顔をかみつかれました。冷やすなどの応急手当をしましたが、頬に少しかみ跡が残りました。お迎えのときに、Hちゃんの母親に事態を説明して謝罪。母親も穏やかに聞いていたので、担任は、小さなけがと判断して園長には報告していませんでした。

ところが翌日父親が大変な剣幕で園にやってきて、園長に説明を求めました。「顔にけがをさせるとはどういうことだ！ きちんと説明してほしい！」とのことでした。しかし園長はその経緯の報告を受けていなかったので、父親を待たせ、確認する結果になりました。そして、それがまた怒りを買ったようで、怒ったまま帰ってしまいました。

小さいかみ跡とはいえ、顔のけがは大ごとになります。こうした事態では保護者はわが子がいじめられているのではないかと思う方もいます。せっかく築いた信頼関係を壊すことにもなりかねません。後日、事態を把握していなかったこと、またそのことでご心配をおかけしたことなどを、園長が謝罪しました（父親が園長の対応を求めていることもあるため）。そして、父親と園長、担任が話し合いの場を持ち、1歳児の発達やかみつきが起こりえる場面について、説明しました。するとかみついたのは、もっと大きな子どもであると思っていたこと、かみつきが、1歳児でも起こりえるということに驚いた、という父親の率直な思いも話してくれて、理解していただくことができました。もちろん以後、このようなことが起きないように努力をしますと付け加えました。

かみつきが頻繁に起きるのは発達上仕方のないことではなく、家庭に問題があることでもなく、保育に工夫をすれば防げることだと職員全体で話し合いました。また報告は大事であることも職員一同が実感しました。長時間保育であればあるほど、園長をはじめ、職員同士の情報共有がいかに大事なことかを忘れないでいたいものです。

連絡

保育現場は原則チームワークで成り立っています。個人プレイがないわけではありませんが、子どもや保護者の情報をはじめ、保育内容のことや園内で起きたことなど、情報共有が不可欠です。小さなことでも、連絡することを習慣にしましょう。休憩の際でもよいですし、出退勤の際でも、作業中でも話す場はたくさんあるはずです。

　また、この職員には伝えたけれど、あの職員には伝えていなかったというようなことが起こらないようにします。対策としては、連絡内容を記録しておき、職員全員がそれをしっかりと見る習慣です。保育園などでは、シフト勤務や公休、パート職員や派遣職員など様々な多くの職員が働いているので、こうしたシステムは責任者を決めて、しっかり管理しながら行うようにしましょう。聞いていなかった、では済まされないことが多くあります。〝自分自身でしっかりと連絡内容を確認する〟という習慣をつける必要があります。

すぐに報告、周知すべき連絡事項と伝え方

（優先順位順）

- 子どもに関する情報
  家庭の状況、送り迎えの事情、持病やアレルギーなどの健康状態に関すること、
- 当番保育者にまたは担任に伝えるべき日々の家庭からの連絡
  小さなけがなど園から家庭に伝えるべき連絡など。
- 保護者や地域、役所、業者に関する情報
  苦情や疑問、要望、連絡などがあれば
- 職員会議・打ち合わせの内容
  （出席できなかった職員に周知する）
- 非常勤やパート職員に伝える必要がある連絡

メモなどを活用して。

口頭で確認しながら。

打ち合わせの場で。

報・連・相でのポイント

忙しそうだから言えない…
つらそうなのでなかなか言いづらい…

あとで大変になるよりも、“今” **報告**。

小さなことだし…大丈夫!
面倒くさい…

漏れがないように、くわしく話して**連絡**を。

迷うな…どうしよう…こんなことも
わからないの? って言われるかな…

わかるように状況を伝え、自分の心情も話しながら素直に**相談**。

相談

若い職員は、保育中に経験のないことが出てくると、迷ったり不安に思ったりしますが、一人で抱え込まないことが早い解決への道です。先輩職員に、過去の経験から対処法をアドバイスしてもらいましょう。いつまでも悩みを抱えずに上司や先輩に相談します。「こんなことも知らないの？」などと言われるのではないか、と心配して相談できない場合もあるかもしれませんが、相談せずに一人で判断してやってしまった結果、事態が悪くなると結局ほかの職員にも迷惑をかけてしまうことになります。

相談の仕方

相談する場合には、きちんと説明をします。相談を受けた側もアドバイスするには、状況などをよく理解しないと応えることが難しくなります。〝今の状況〟〝困っていること〟をきちんと伝え、迷っていることや、アドバイスしてほしいことなどを相談相手にしっかり伝えます。

気になること、わからないことは積極的に質問を

（相手の都合を聞く前置き言葉）

「今、よろしいですか？」

「お忙しいところ、申し訳ございませんが～」など

＋

（相談内容・具体的に）

「来月の夏祭りのことで、確認をさせていただきたいことがいくつかあります」

＋

（丁寧な語尾）

「お時間をいただいてもよろしいでしょうか？」

～してください　は強いので、お伺いをたてるかたちで

POINT

相談相手の都合を最優先に

相談をするときには、場所、ときを考えます。相手の忙しい時間帯、食事中、出勤後すぐ、退勤直前は避けましょう。

些細なことでもそのままにしないで聞いてみます

コピー機の使い方や、職員室のパソコンでのトラブルなどは特に、こんなことも知らないの？ って言われるかな…と迷いがちですが、自分で解決しようとして無駄な時間がかかってしまうことがよくあります。ちょっと聞くだけで解決することは、ためらわない方が得策。聞かれた方も、意外と何とも思っていないものです。

困っているときは、素直になろう

自分では一生懸命仕事をしているつもりで、まわりが見えなくなっているようなときに、「大丈夫？」と声をかけられたら、それは大丈夫ではないことをまわりに感じさせているということです。

自分の力不足のせいだけではないことが多いので、しっかり助けてもらいたいことを伝えるべきです。「助けて」とＳＯＳを言えることも大事なことです。いつかあなたもきっと助ける立場になるのですから、助けてもらえるときには助けてもらい、立場が逆になったときには、人が出す「助けて」サインにいち早く気付けるように心がけてください。

職場での困った人間関係

クラス担任同士や担当グループ内でも人間関係がぎくしゃくしていると何もかもがうまく回っていきません。ほかの職員からも、実習生からも〝あの先生たちの仲はよくない〟と思われていても、当の保育者たちにはわかっていないことも多々あります。

人と人との付き合いですから、気が合わない、話がかみ合わないということもあるでしょう。愚痴をこぼしたり、悪口を言いたくなったりすることもあるかと思います。しかし、そこは仕事ですからお互いプロとして関係をよくしようとする努力が求められるのです。

特に若い職員と一緒に仕事をする先輩保育者は、どんなに未熟な後輩でも指導する責任があります。わからないことを聞きやすくする雰囲気づくりや、常に後輩がどのように仕事に取り組んでいるかに配慮する必要もあります。

こんな対応をしていませんか？

口調や言い方が強い。

連絡をきちんと伝えない。

気が合う人とばかり話す。

一人で悩まないこと

どんな事態のときでも一人で思い悩んでいては、きっとよい方向にはいきません。また、解決しようのないこと、それはそれで受け止めるしかないこともたくさんあります。

そこで大事なのは、悩む「ものさし」です。考えるべきことが「子どものため」「仕事のため」に必要なことなら、自分から周囲に働きかけながら頑張る必要があるでしょう。よく考え、誰に相談し、誰に協力してもらうのかを判断して少しずつ進めます。しかし悩んでも仕方のないこと、解決しないことなら、きっぱりと切り替えて対処の工夫をしましょう。

一緒に保育をする人と合わないところがあっても、人の性格は変えられません。言い方がきつくてつらいなら、なぜどこで自分はそう感じるのか、考えてみます。そして言われたときの自分の解釈を変えましょう。「あ、そうか！こういうときにはこういう言い方をするんだな」というように。親しくなって、「もう○○先生！言い方がきついです！□□って言ってくれればいいのに」などと言えるようになればよいですね。

悩めることもステップに

嫌な気持ちが続く人間関係はきっと長くは続きません。年度が替われば異動やクラス替えもあります。頑張っているあなたを見てくれている子どもたちや同僚、後輩がきっといます。そのことを忘れずに気持ちを切り替えて仕事をしましょう。

何より笑顔を忘れたら保育が台無しです。心配してくれる子どもたちや保護者がいます。きっとわかってくれる人がいる、と信じてうまく切り替えて乗り切りましょう。仕事をするために、保育者をしているのであって、仲間をつくるために、保育者をしているのではありません。

そのような経験はあなたをきっと強くします。強い人は優しくなれます。なぜならつらく悲しい体験をしたからです。それだけで、保育者として人間として格段の成長をしたといえるでしょう。

信頼できる人に相談する

職場の人に限らず、友人や家族など相談する人がたくさんいることは本当に大事なことです。何より人を受け止めることが仕事である保育者は、自分を受け止めてくれる人が必要であり、その上でアドバイスをくれる人は本当に貴重でありがたい存在です。

ふだん、あまり声をかけてくれない先輩でもあなたを心配してくれている人がいるかもしれません。自分のことにいっぱいいっぱいでは、そうした人の存在にも気付かないものです。改めて自分の周囲にいる人たちをよく見てみてください。自分のためではなく、本当に子どものことを大事に考えて仕事をしている保育者、真摯にまじめに、けれど柔軟に仕事に取り組む先輩を見つけて相談してみましょう。きっとあなたのプラスになるはずです。

相談するときのポイント

相談するときには、困っている相手の悪口を言うような言い方は避け、自分がどのような行動をすればよいのかを話題にできる聞き方をしましょう。

「○○さんに避けられている気がするんだけど、どうしたらいいかな？ 私何かしたかな？」
→困っている人を悪く言わないようにする

「○○さんに、□□をお願いしたいんだけど、どう思う？」など
→どのような関わりを持っていくとよいか、貴重な情報が入るかもしれません

自分の気持ちのコントロール法

気持ちを切り替える
（ほかのことを考える）

自分ばっかり…と考え込まないでまわりにも目をむける

子どもたちと遊ぶ

誰かに話を聞いてもらう

相手から離れたり、その場を少し離れて別の作業をしたりする

園内でのコミュニケーションがうまくいかないとき

　今、保育などの教育現場では、仕事量の多さ、また多様さに、保育者や教員が対応しきれないという問題が深刻です。団塊の世代が退職後、若い人たちが入ってくるのですが、そうした人たちへの教育や研修がままならないほど、現場は大変になっています。

　また、保育現場だけに限ったことではありませんが、ちょっとしたことがきっかけで、職場での人間関係がぎくしゃくしてしまった経験が、誰にでもあるかと思います。長い間心にひっかかっていると、よい仕事ができません。自分の中の切り替えと、強い心で割り切るのが一番です。

ケースその1　話し合いなどの時間がしっかりとれない

現状と問題点

　チームワークが基本の保育現場。仕事量の多さから一人ひとりに余裕がなくなり、時間が足りない、打ち合わせがしっかりできないなどの悪循環が起きています。

持っておきたい共通認識

- 忙しい、時間がとれないというのはお互い様だということを理解する
- “話し合いができない”ことへのストレスをためない
- どの時間ならできるのか、個々にピックアップしておく
- 集まる時間をつくるための調整をする（仕事に優先順位をつける）

解決策

何を優先させるべきかを一人ひとりがしっかりと考え、仕事の優先順位を決めて、少しでも時間をつくる。
どうしても時間がないときには、園長や主任、ベテラン職員に相談して園全体の優先順位、体制環境を見直してもらうことも大切です。

ポイント

保育現場で一番大切にしなければいけないことはいったい何でしょうか？言うまでもなく、子どもを守り、その最善の利益のための保育をすることです。そうだとすれば、保育の質が向上するための時間は優先させなければなりません。時間はあるものではなく、つくり出すものという認識で無駄にせず、効果的に、そして柔軟に考え、職員同士で乗り切りましょう。

ケースその2 意見の強い人に振り回されてしまう

自分の意見をはっきりと表明できることは、素晴らしいことですが、人の意見を聞けない、自分の意見を押し通す、人に意見を言わせない人は、まわりが迷惑します。

現状と問題点

意見ができないため、あきらめて、その人のいいなりになる。
何も言えないため、みんなが物事を考えなくなる。
その人の顔色をうかがうようになって、よい仕事ができない。

持っておきたい共通認識

・言うことを聞いていればいいというのは、ある意味楽なことなので流されてしまいがちだが、それでは保育の質の向上が望めないことを理解しておく。

ポイント

このようなタイプの人は、言い方もきつく、相手に自分の言葉がどのように伝わるかには、無頓着なところが多いようです。いろいろな方がいますが、まず、どんな状況でどのように言ってくるかをあらかじめ予想して、自分の仕事に影響が出ないようにしましょう。

解決策

こういうときは、きっとこう言ってくるはず、ならばこうしておこう！と切り返す対策を考えておきます。また、よい仕事をするためには、どうすれば振り回されないですむか、同僚と相談しながら考えましょう。

若手保育者が積極的になってほしいこと

☆子どもや保護者、職員をはじめ、周囲の人たちに関心を持つこと

いろいろな人たちが様々な思いを抱いて生きています。そのことに気付いてください。

☆先輩の保育をよく見て、これは素晴らしい！ と思えることを見つけること

長く保育をやってきた方には、何か特技があるはず。すごい！ を見つけて。

☆当然ですが、真摯にまじめに仕事に取り組むこと

楽にやりたい、手を抜いてもできるはず、は誰かが必ず見抜きます。

☆謙虚に学ぶ姿勢を忘れずに

まだまだ自分には足りないものがたくさんあるはずです。

☆保育の面白さを探す

子どもの世界は本当に面白いもの、その魅力を少しでも多く感じてください。

☆保育者として自信をつける

子どもたちと遊びこむ世界を共有できると、きっと手ごたえがあるはずです。

ベテラン保育者が積極的にしてほしいこと

○新しい情報を常に得ようとすること

時代は激しく変わっています、保育に求められるものも変わってきます。

○園のすべての人間関係に関心を持つ

誰がどこでどのような思いで仕事をしているのか、気を配ることは本当に大事です。

○後輩や実習生は将来の人材、育てようとする姿勢と意識を持って

これからの人材を育てることもベテランの責任、重要な仕事です。

○自分の固定観念に気付いて、柔軟に対応する

親は、保育者はこうあるべきものと決めつけていませんか？

○子どもにとってこれは本当に大事なことなのかを常に考える

仕事のしやすさだけを考えていると本当に大事なことを見失ってしまうことが多くあります。

ケースその３　世代間で温度差があり、理解し合えない

最近の現場では、公立でも若い職員が増えて、30 代以降の中堅職員がいない、という話をよく聞きます。私立ではとにかく若い職員だけでやっている、頑張ってはいるがすぐに離職してしまい、続かない、ということもよくあるようです。

現状と問題点

中堅がいないということは、世代をうまくつなげる人材がいないということでもあります。若い職員の悩みに「私もついこの間までそうだった、でもきっとこうなるよ」と言ってあげられるのは中堅職員だけでしょう。ベテランに若手の現状をうまく伝えていけるのも中堅職員です。さらに中堅がいないことは、将来のベテランがいなくなる、ということでもあります。これは本当に危機的なことではないかと思います。

持っておきたい共通認識

・世代の違いを認め、助け合い、協力する。
・職場で世代間の差からの対立関係をつくらない。

解決策

世代間でうまくコミュニケーションが図れない、という場合はまずベテランが若手の意見をよく聞いてください。若いがゆえに間違っていることもあるので、そういうときは否定することなく「～だと思うけれどどうかな？」と考える機会を与えます。そして、大切なことは、伝わるように伝えることです。若手職員は、ベテランの保育者からの助言やアドバイスはプラスの気持ちで素直に、また前向きに受け止めます。

そして、若手職員は、仲間が多いということを大いに生かして、力を合わせてよい保育を目指します。またベテランは人材を育成することに大いに力を注ぎましょう。若い職員が、喜びを感じ、やりがいを持って仕事ができるようにするにはどうしたらよいか、ベテランの豊富な経験と知識や技術をもって考えていただきたいと思います。日々の保育も大切なことですが、未来につなげていくことは同様に大切なことです。

ポイント

チームワークは何よりの宝です。個人の力も大事ですが、チーム全体でどれだけ力を発揮できるかが、この大変な時代を乗り切るカギになると思います。

ケースその４　園内での派閥

現状と問題点　職場内で本当に民主的に仕事が進むのは、意外に難しいものです。すべての職員がみな同じ立場で意見が述べられ、また、それを聞こうとする姿勢のある職場は本当に素晴らしいですが、まだまだ少ないようです。理事長や園長といった力のあるものが何でも決めてしまい、職員の意見は聞こうとしない、職員の中でも強く言う人に振り回されて、ほかの職員は何も言えなくなってしまうなど、職員の働く意欲がそがれるようなこともあるかと思います。また、何人かのリーダーに対立があり、結果派閥のようなものができてしまい、巻き込まれてしまうということもあります。

持っておきたい共通認識

・園内での派閥は、めずらしいことではありません。残念なことですが、どんな職場でも多かれ少なかれ、こうした状況があると考え、受け入れておく。

解決策　派閥に巻き込まれないためには

基本的なことですが、“職場で、人の悪口を言わないこと”は、意外に大事なポイントです。確かにいろいろな人に不満を感じることもあるでしょうし、誰かについ愚痴りたいときもあるでしょう。しかしそれを悪意にとられると自分がつらくなります。相づちを打つだけでも、悪口を言っていたと言われかねないので、注意が必要です。悪口を聞いても、違う話題にするか、言った人の感じている苦労や気遣いに対してねぎらう言葉にしましょう。「あなたはいつも気遣いができる人なんだね…」などというようにします。

職場内で悪口を言い出してしまうと、良好な人間関係は遠のいてしまいます。

また、本当に愚かしいことですが、あえて派閥に入らずにいると、仲間外れやいじめのような状態になることがあります。つらいかもしれませんが、間違ったことをしていない、子どものことを一番に考えているとあなた自身が胸を張れるなら、つらい思いにとらわれるのはばかばかしいことです。

COLUMN

園のすべてに興味を持とう

私たちが暮らすこの社会では、実に様々な人たちがいろいろな場所で、それぞれに仕事をしています。忙しい毎日では、気付かないことの方が多いものですが、これも私たちが円滑に生活するための、いわば「役割分担」。誰かの働きが欠ければ、確実に困ることが起きるはずです。

日常的にあることが当たり前と思い、気にも留めずにいたことが、ひとたびどこかに支障が出てはじめてそのありがたさに気付くものです。すべてが当たり前とではなく、すべては誰かの働きによって成り立っているのです。

園も小さな社会であり、子どもを守り育てる共同体です。何が欠けてもうまくは動きません。どんな人がどこでどのように仕事をしているのか、まずは興味を持って見渡してみましょう。それは、自分の視野を広げることでもあります。「無関心」は、誤解のもとになったり、理解を妨げたりすることにもなりかねません。

それには、子どもたちがよいお手本になります。子どもたちはいつも何かおもしろいことはないか、楽しいことはないかと

探していています。小さなおもしろさ、楽しさでも広げることを知っています。自分なりに考えて、こうすればもっとおもしろくなるのではないかといつも動いていますよね。こうした、子どものような「やわらかい心」を持っていたいと思います。

園で働く人たちは、おそらく子どもたちの姿にひかれ、子どものそばにいたいと思って仕事をしている人たちなのだと思います。少なくともきっかけはそうであったはずです。やわらかい心で、子どもや保護者、そして園で働く職員を見てみてください。一人ひとりはそれなりに苦労をして頑張っているものです。自分だけが苦しい、頑張っていると決めつけるのは大きな間違いです。自分の感情はまずはさておき、人の心持ちに気付ける人でありたいものです。

そうした努力をしていると、周囲の人たちとよい関係ができてくるもので、不思議なことにいろいろな情報（しかも大切な情報が）が自然に入ってきます。自分の目や耳で確かめながら、確実に情報を蓄えましょう。きっとあなた自身の力になるはずです。

理想のチームワークを考える

理想のチームワークとは

保育は保育者と子どもの関係からはじまっていくものですが、決して1対1で完結するものではありません。1対3、2対15など年齢や状況に応じて様々なスタイルがあります。保育園の遅番や早番といった勤務形態では、ほかのクラスの子どもを保育することがありますので、担当するクラス、グループの子ども、保護者だけでなく、ほかのクラスやグループの状況も知っておかないと困ることがよくあります。また、子どもによって、6年間という長い保育期間の中では、以前担任だったということもよくあります。子ども一人ひとりを職員みんなで見守るスタイルになってきますが、そうでなくても職員みんながどの子どものことも知っている、というのが理想です。

特に長時間の保育では担任だけがその子どもを見ているわけではなく、シフト勤務の保育者やパート勤務の保育者も見ているはずです。朝夕のパート勤務の保育者は、もしかしたら担任より保護者の状況をわかっているかもしれません。理想のチームワークは、どれだけ情報がきちんと共有できているかにかかっているといっても過言ではありません。話し合いがきちんとできていて、職員がほかのクラスに無関心でないことは、日々接している保護者にもよく伝わり、安心感を与えます。またいつも共有できていれば、職員が欠けることになってもすぐにカバーができます。つまり情報がきちんと共有されているということは、円滑な園運営と良好な人間関係が必ず保たれているといえるでしょう。

“誰か”のために

毎日の忙しい生活の中で、保育者もいつも健康でいられるとは限りません。人間ですから、具合も悪くなりますし、都合がつかないときもあります。そのようなときは誰かにカバーしてもらうことになります。そのときにカバーした職員が困ったり迷ったりしないように、仕事は見えやすく、やりやすくしておくことは大事です。

ふだんからのやり方で年度末の引き継ぎもしやすく、事務作業もはかどります。

自分のためにはもちろんですが、違う誰かがこのクラスに入ったらどう動けるか、と考えるのは、仕事の効率化を図るためにもとてもよいことだと思います。他者の視点を考えつつ仕事を考えるのは、結局自分の仕事をよくするためになります。

こんな行動していませんか？

実習生が見た！ 園内での人間関係

毎年、保育者になる夢を持った学生が、実習生として園に来て頑張っているかと思います。子どもたちとの関わりに一生懸命な実習生ですが、実は先生同士の関係などもよ～く見ています。

実習中、掃除の仕方や片付けなど、わからないことを先生方に教えてもらわなくてはいけないことがたくさんあります。それぞれ忙しそうな先生方になかなか声がかけづらいのですが、思い切って聞いてみると、すごく不機嫌な感じでぶっきらぼうに答える先生。しかも何人かの先生に聞いてみたところ、みんな違う答えなので、どうしていいかわからなくなりました。実習期間中すごくつらかったです。

昼休みの休憩時間、休憩室で何人かの先生と一緒にいたところ、とある先生がそこにはいない先生の悪口を話しはじめました。あまりいい感じはせず、やだなーと思っていたところ、当のその先生が入ってきました。もちろん急に話をやめて、さも親しそうに「〇〇先生～」と話しかけていて、本当に驚きました。女性の職場は怖いと思いました。こんな園には二度と行きたくないです。

チームワークの素晴らしさ

チームワークの素晴らしさがはっきりわかるのは、カンファレンスでの話し合いです。カンファレンスとは、学術的な会議や研究会という意味で、医療現場などでは日常的に行われており、耳にしたことがあるかと思いますが、多くは日常業務をスムーズに行うために、現場で起きている問題点をあげ、どのように改善、解決するかを皆で話し合う場です。

保育現場でも同じように、前日の問題点、けがや事故の報告、対応などの些細なことから、現在進行形の問題、保護者トラブルなど、共有すべきことを話し合います。

保育者自身のスキルアップ、子どもたち、保護者への安心感へとつながる大切な場です。

カンファレンスで解決した事例　E 先生の保育の悩み

２年目の職員Ｅ先生は、４歳児の担任になりました。一人でクラス担任を持つのは初めてです。クラスにいるＤ君は落ちつきがなく、いつも動き回り、幼いところもあって気に入らないと大声を上げて泣いたり、友だちをたたいたり蹴ったりしてしまいます。クラスで話し合おうとしても大声を出すなど、話が聞けないときがあります。大事なことを話そうとしてもＤ君が大声を出すとほかの子どもも落ち着かなくなり、結局クラスがざわざわとしてしまいます。教室の外へ出て行ってしまうこともあり、ほかの子どもも気になって、ついて行く子も出てくるなど全体に落ち着かないこともあります。

Ｅ先生は自分はクラスをまとめる力がないのかと自信をなくしてしまっていました。カンファレンスでその話をすることにしました。

状況を話しながらときどき涙声になってしまうＥ先生。

先輩保育者から「どういう状況ならＤ君は落ちつくの？」「Ｄ君は自分に話しかけられてるとは思っていないんじゃないかな？」という質問が出ました。それを聞いたＥ先生は、はっとしました。困るばかりでＤ君がどのように思っているか、どう受け止めているかにはまったく考えが及んでいなかったことに気付かされました。

そのときのカンファレンスでは、外に出て行ってしまったら、ほかの保育者に一声かければ見るようにするよと言ってくれたベテランの保育者の言葉が何よりうれしく、救われたようでした。Ｅ先生はそのことで少し落ち着きを取り戻しました。

すると不思議なことに子どもたちにも少しずつ変化があったのです。Ｄ君とどう接したらよいのか、困っていたのはＥ先生だけではなくほかの子どもたちも同様だったことがわかりました。自分がまず落ち着いてＤ君と話すことで、ほかの子どもたちも同じようにする姿が見られて、また、はっとさせられました。そのことをカンファレンスでまた報告を行うと、よかったねとほかの職員が心配してくれていたことがわかり、Ｅ先生は本当にうれしそうでした。自分だけで抱え込まないで、みんなに話したことで解決できたのです。

おわりに

私たちの生活は本当に便利になりました。私が園長の仕事に就いた1998年は今からわずか17年前ですが、やっと携帯電話を多くの人が持つようになった頃だったかと思います。「私は携帯電話なんて持ちたくない」と副園長先生に話したところ、「何が起こるかわからないから必ず持っていてください」と叱られたのが昨日のことのようです（本当にダメダメな園長だったわけですが…）。

そして、携帯電話は当時より格段に進化して、今や現代人には欠かせないアイテムになりました。なぜなら、その便利さが手放せないものだからでしょう。連絡を取り合うということだけでなく、どこでも情報が取り出せるという便利さは捨てがたいものです。しかし、本来情報は人に聞かなければ手に入れられないものでした。誰にどう聞けばいいのか、考えなければなりませんし、忘れればまた聞く手間が生じるので、忘れないようにしようとします。また、買い物をするにもどれがよいか何を買うべきか、店の人と話をしていく中で決めていました。けれど今は、パソコンやスマートフォンなどがひとつあるだけで、手軽に何でも買えます。人と接することなく商品が家に届きます。確かに便利です。

しかしこの便利さの代償は、とてつもなく大きいものでした。人と人との関わりが少なくなれば関わり方がうまくできなくて当然です。同級生とは話せても、話したことのない世代にはどう接したらよいかわからなくて当たり前です。人とうまく関わる力をなくしていきつつある時代になってきたことは間違いないのではないかと思えます。人を気遣うことが必要でない生活は、人と協力すること、絆をつくることの重要性を実感できません。

だからこそ、人生のスタートである乳幼児期には、人と関わる喜び、協力することの大切さ、人とつながることの意味をしっかりと伝えたいのです。それは当たり前のことではなく、今や意識的に経験を与えなければならず、保育の最優先課題としなければならないものになっています。そしてそこに携わる保育者がそうとらえなければ、実現はできません。まず自分が「人とうまく関われる力」をつけていくことを心がけてください。そうすることがあなた自身の幸せや人生の喜びに必ずつながります。「何を、どのように考えているのかな？思っているのかな？」と相手を理解しようとするところがすべてのスタートラインです。

そして保育はまず、保育者も子どもたちと一緒に「あ～楽しかった！またやりたい！」という〝ただ単に純粋な楽しい体験〟を積み上げてください。楽しいこと、いっぱいしようね！と子どもたちに伝え、実行してください。こうしたらもっと楽しくなるかな？こうなったらきっとおもしろい！と考えることは保育の醍醐味です。保育者も楽しむことが大事です。

保育者であるあなた自身が、様々な人と豊かに関わりを持ちながら保育者として人間として成長することができますように…。未来のつくり手である子どもたちをどうかよろしくお願いします。

著者紹介

塩谷 香（しおや　かおり）

東京成徳大学　子ども学部 子ども学科　教授

都内公立保育園園長、幼保一体化施設保育長、短大講師を経て2008年より現職。乳児保育、保育実習、課題研究などの授業を担当。

〈協力〉
菊地絵里奈
雑賀竜一
柴田佳子
鈴木亜樹子
中野優介
安田知可

〈参考文献〉
『カンペキ！ 女性のビジネスマナー』真山美雪監修　西東社刊
『これだけは身につけたい　保育者の常識67』谷田貝公昭／上野通子編　一藝社刊
『これで仕事がうまくいく！ 話し方・聞き方のビジネスマナーの基本ルール』鶴野充茂監修
成美堂出版刊

保育者のコミュニケーションスキル

2015年10月20日　初版第１刷発行
著　　者　塩谷 香
発 行 人　松本 恒
発 行 所　株式会社　少年写真新聞社
〒102－8232　東京都千代田区九段南４－７－16
市ヶ谷KTビルⅠ
TEL 03－3264－2624　FAX 03－5276－7785
URL http://www.schoolpress.co.jp/
印 刷 所　大日本印刷株式会社

ISBN978-4-87981-545-3　C3037
スタッフ／編集：大石 里美　DTP：木村 麻紀　校正：石井 理抄子　イラスト：ともべ あり　編集長：野本 雅央